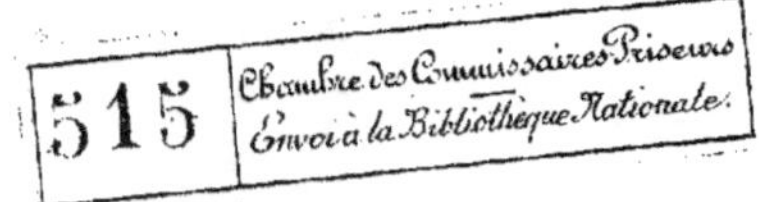

…HÈQUE DE FEU M. Ch. MALHERBE (3e partie)

Vente du MARDI 8 AVRIL 1913

HOTEL DROUOT, SALLE N° 10

OUVRAGES DIVERS

JOURNAUX — CARICATURES — BEAUX-ARTS, etc.

THÉATRE & MUSIQUE

JOURNAUX DE MODE — JOURNAUX DE LA RÉVOLUTION

LIVRES, ESTAMPES & CURIOSITÉS

sur la Guerre de 1870-1871, la Commune,

sur le Général Boulanger, sur l'Alliance Franco-Russe, etc.

Commissaire-Priseur :
Me André DESVOUGES
26, Rue de la Grange-Batelière

Expert :
M. Léo DELTEIL
38, Rue de Châteaudun

CATALOGUE

d'OUVRAGES DIVERS

DE

JOURNAUX — CARICATURES — BEAUX-ARTS

THÉATRE & MUSIQUE

JOURNAUX DE MODE — JOURNAUX DE LA RÉVOLUTION

LIVRES, ESTAMPES & CURIOSITÉS

sur la Guerre de 1870-1871, la Commune,

sur le Général Boulanger, sur l'Alliance Franco-Russe, etc.

Dont la Vente aura lieu : A PARIS, HOTEL DROUOT, SALLE N° 10

LE MARDI 8 AVRIL 1913

à 2 heures précises

Par les soins de Me ANDRÉ DESVOUGES, Commissaire-Priseur

26, Rue de la Grange-Batelière

Assisté de M. LÉO DELTEIL

MARCHAND D'ESTAMPES-EXPERT

38 Rue de Châteaudun, 38. — PARIS

CONDITIONS DE LA VENTE

Elle sera faite au comptant.

Les adjudicataires paieront *dix pour cent* en sus des enchères.

M. Léo Delteil remplira les commissions que voudront bien lui confier MM. les Amateurs ne pouvant y assister.

OUVRAGES DIVERS

Journaux, Caricatures, Beaux-Arts, etc.

1. **L'Album.** Journal des Arts, des Modes et des Théâtres, (par Grille et Magalon). De l'orig., 19 juillet 1821 au 25 mars 1823. 136 livraisons en 7 vol. — **Ancien Album.** De l'orig., 25 nov. 1828 au 10 août 1829. 51 livraisons en 3 vol. — Ens. 10 vol. in-8, *planches*, brochés et en livraisons.

   Collection complète de cette feuille, très spirituelle et très agressive. Le journal a été interrompu le 25 mars 1823 pour reprendre sous le titre d'Ancien album le 25 nov. 1828. Manque les liv. 3 à 5, 8 à 13 et 89 de la 1re partie.

2. **Album Charivarique**, 1 vol. ; **Le Magasin Charivarique**. *Paris, Aubert, s. d.*, 5 vol. Ens. 6 albums in-4, brochés, *avec lithographies de H. Daumier, Gavarni, H. Monnier, Pigal*, etc. — **Musée ou Magasin Comique de Philipon**. *Paris, Aubert*, 2 vol. — **Les Caricatures Parisiennes**. Années 1859, 1860, 1863 à 1870. 10 Albums in-4, brochés (2 cart.), *fig. de Bertall, Valentin, Stop, Ed. Morin, Nadar*, etc. — Ens. 18 albums ou vol. in-4.

3. **Albums de Gravures et de Lithographies.** — Réunion de 13 albums in-4 et gr. in-8, cart. (2 brochés).

   Album de Salon. *Imp. d'Aubert. 28 lithog. par Grenier, Challamel, Alophe*, etc. — **Albums des Salons.**

Imp. d'Aubert. 25 lithog. par A. Provost, Arnout, Traviès, etc. — **Album de l'Histoire des Peintres.** *Paris, Renouard. 36 planches grav. sur bois.* — **Album du Magasin Pittoresque.** Cent gravures choisies dans la Collection. *Paris*, 1862. — **Les Artistes contemporains.** 50 tableaux et sculptures dessinées par les artistes exposants, gravés par M. Boetzel. *Paris, les Modes Parisiennes. (2 exemplaires).* — **Deuxième cahier** d'illustrations encyclopédiques. Recueil de vignettes, Culs de lampes, Fleurons, dessinés par MM. Daumier, Gavarni, Meissonier, etc. *Paris, Curmer.* — **Les Etrennes de l'Amitié.** Recueil de belles lithographies. *Paris, Delarue. 16 planches lithog.*— **Nouvel Album.** Véritable gage d'amitié. 20 lithographies. *Paris. Delarue.* — **Etrennes aux jeunes Artistes.** *Paris, Auguste. Titre et 21 lithog. de C. Nanteuil, Ch. Bour, L. David*, etc. — **Revue des Peintres.** *Imp. d'Aubert. 40 lithog. par Challamel, Julien, Lafosse, Alophe*, etc. — **Un million de croquis**, moins quelques centaines de mille. *Paris, Aubert. 20 planches lithographiées.* — **Album du Menestrel.** *Paris, Jeannin. 52 lithog. par J. David, Grenier*, etc.

4. **Albums de Lithographies.** — Réunion de 6 albums in-fol., cart.

Album de l'Amateur par MM. Beaumé, Bellangé, Grenier, Guet, Lafosse et autres artistes. *Paris, Aubert, s. d. Album de 14 lithographies.* — **Album des Cent et un.** *Paris, Montezon*, 1841. *Album de titre et 12 lithographies par et d'après H. Bellangé, J. David, Franquelin*, etc. — **Bluettes.** Album de Mlle Anaïs Colin, lithographiés par J. Champagne. *Paris, H. Gache, s. d. Album de 10 lithographies coloriées* (sur 12. Manque les pl. 3 et 6). — **Keepsake Parisien. Le Bijou.** Par Mmes A. Ségalas, Desbordes-Valmore, Louise Colet, etc. Dessins par M. Compte-Calix. *Paris, Aubert, s. d. Avec 12 lithographies coloriées.* — **Musée omnibus.** *Paris, Goupil et Cie, s. d.*, 2 albums contenant ensemble *32 lithographies coloriées par H. Garnier, Duriez, Robillard, etc., d'après Bellangé, Le Poitevin, Guérard, E. de Beaumont, Compte Calix*, etc.

5. **Albums de Provinces.** — Réunion de 5 vol. in-4.

Andrieu (Richard). Scènes de mœurs toulonnaises *Toulon, Imp. E. Foa, s. d. ; 60 planches*, broché, *couv. ill.*

Gautier (B). Croquis Saintongeais, *Saintes, E. Fleury*, 1877 ; *100 planches*, broché, *couv imp.* — **Gautier** (B.). La Province. *Lith. Poissonnié. Suite de 28 planches coloriées.* **Tom Pouce.** Entr'acte de Bourges. *Bourges, Lith. Jollet Souchois*, 1846 ; *20 planches lithog.* — **Essai**. Album au profit des familles pauvres, sous le Patronage de la Société de S[t] V[t] de Paul. Conférence de Tours, par M. de la Poterie. *Tours, Lith. de Clavey-Martineau, s. d.* ; *titre-front. et 10 planches lithog.*

6. **Albums divers.** — 6 vol. in-fol., in-4, cart. de l'édit., brochés ou demi-rel.

Grandville. Autour de la table. Florian traduit par Grandville. 100 dessins. *Paris, Paulin et Le Chevalier, s. d. Ex. sur chine monté.* — **Grandville et Kaulbach.** Album des Bêtes à l'usage des Gens d'Esprit. Texte par A. Scholl et Ch. Joliet. *Paris*, 1864, 2 parties en 1 vol. — **Album types français (et anglais)**, dess. par Gavarni, H. Monnier, T. Johannot. *Paris, s. d.* ; 2 albums. — **Les Physiologies Parisiennes**, illustrées par MM. Gavarni, Cham, Daumier, etc. *Paris, Aubert* (1850). *Première édition collective.* — **Les Contes de Perrault**, continués par par Timothée Trimm (Les Lespés), illustrés par H. d Montaut. *Paris*, 1865.

7. **Albums divers.** — 8 albums in-4 et gr. in-8, brochés, *couv. ill. et imp.* (2 cart. de l'édit.).

Album de Marcellin. Premiers dessins, 1868. — **Léonnec** (P.). Nos Marins, *s. d., fig. col.* — **Pirodon.** Histoire d'un Caniche. *s. d.* ; en ff. *Suite de 27 planches sur chine.* — **Valentin.** Histoire d'un projet de femme, *s. d. Album de 16 planches sur chine.* — **Jazet** (A.). Mon Village. Souvenir de Normandie, *s. d. ; 4 front. et 24 lithog. coloriées.* — **Hess** (H.). Galerie Musicale, *s. d.;* sous *couv. imp. Suite de 13 planches lithog.* — **Beaumont** (Ed. de). Parisiens et parisiennes. Croquis, *s. d.* — **Léonnec** (P.). Le Chat du Bord. 1882 (*Ex. sur papier de chine*).

8. **Albums divers.** — 23 albums in-4 et in-8, brochés, *couv. ill. et imp.* (3 cartonnés, 1 en demi-rel.).

Crafty. Snob à Paris ; Snob à l'Exposition ; 2 albums. — **Léonnec** (P.). Le Chat du Bord, 1882. — **Caran d'Ache et Luque.** Peintres et chevalets. — **Caran d'Ache.** Carnet de chèques. — **Desprès** (Dr A.). Le Conseil municipale de Paris. 1884-1885. — **Klem.** Manuel du Parfait candidat. 1893. — **Pépin.** Histoires pour rire. — **Pépin et Léo Taxil.** L'Album anti-clérical. — **Baric.** Voilà ce qui vient de paraître ; Légende de l'orphéoniste, 1883 ; La Pêche à ligne, 1882. 3 albums. — **Robert.** Pochades. — **Bilhaud** (P.). Les Petits Japonais. — **Album drolatique,** 1895. — **Dauphin** (L.). Education musicale de mon cousin Jean Garrigou. Dessins de Léonce Petit. *S. d.* — Fleurs, fruits et légumes du jour, par Alfred le Petit, etc.

9. **Annales de la Société d'Horticulture** de Paris, ou Journal spécial de l'état et des progrès du Jardinage. *Paris,* 1827-1832, 10 tomes reliés en 6 vol. in 8, *planches,* cart. anc., *non rognés.*

10. **L'Artiste.** — 1re série, 1er fév. 1831 au 22 avril 1838. 15 vol., avec table générale. — 2e série, du 29 avril 1838 à déc. 1841. 8 vol. (*manque les pl. des tomes III et VIII*). — 3e série, de janv. 1842 à avril 1844. 5 vol. — 4e série, de mai 1844 à fév. 1848. 11 vol. — 5e série, de mai 1848 à fév. 1856. 16 vol. — 6e série, du 24 fév. 1856 à mars 1857. 3 vol. — Nouvelle série, avril 1857 à déc. 1861. 12 vol. (*manque les pl. du tome V*). — Nouv. période, de janv. 1862 au 15 sept. 1866, 9 vol. petit in-fol., et du 1er avril 1866 à 1873, 21 vol., soit 30 vol. — Nouvelle période. 1874 à 1890. 32 volumes (*manque 2 livraisons à l'année 1882, 1 livr. à l'année 1884, et l'année 1889 complètement*). — Nouvelle période, 1891 à 1894. 8 vol. — Ens. 140 vol., brochés, reliés et en livraisons.

Exemplaire en formation, incomplet de plusieurs titres et tables, et de quelques planches.

11. **L'Astronomie.** Revue d'Astronomie populaire, de Météorologie et de Physique du Globe ; publiée par C. Flammarion. *Paris, Gauthier-Villars,* 1882-1894, 13 années en 13 vol. gr. in-8, *fig.,* les 8 premières années dans le Cart. de l'édit., tr. dor., les 5 dernières en livraisons.

12. **Beaux-Arts.** — Réunion de 10 ouvrages in-4, in-8 et in-12, *fig. et pl.*, brochés et cart.

Le Musée. Revue du Salon de 1834, par Alex. D... (Decamps). *Avec front. et 25 planches.* — **Salon de 1866,** par Martial. — **L'Art en Province,** 3e année, 1837 ; *planches.* — **Les Maîtres de la Caricature** Française au XIXe siècle (*2 exemplaires*). — **Salon de 1874,** par L. Gonse. — **Blanc** (Ch.). Une Famille d'artistes. Les Trois Vernet. Joseph, Carle, Horace. — **Le peintre** ordinaire de Gaspard Deburau. 1889. — **Delphi Fabrice.** Les Peintres de la Bretagne, 1898. — **Radet** (Ed.). La Renaissance Française au Prieuré de Bouche d'Aigre (Eure-et-Loir). 1902.

13. **Bulletin du Photo-Club de Paris.** De l'orig., 1er mars 1891 à la 5e année, no 56 1er sept. 1895. 5 années en livraisons (manque les nos 36, 42, 48 et 50). — **Paris-Photographe.** Revue mensuelle illustrée. Du no 1, 25 avril 1891 à la 4e année, no 9, 30 sept. 1894 (manque le no 1 de la 2e année). 4 années en livraisons.

14. **Caricature** de tout le monde. — **Charges** sur le Communisme, le Socialisme, etc. — **Le Roi des Albums.** Grand magasin d'Images. — **Le Beau Nick.** Conte fantastique allemand par Hermann Scharles. — **Militairiana.** — **Caricatures** par divers artistes. — *Paris, Aubert, A. de Vresse, Martinet.* 6 Albums in-4, caricatures de *Daumier, Cham, Vernier, Jacque, etc., en noir et coloriées*, cart. de l'édit. (1 broché).

15. **Caricatures** (Albums de). — 10 vol. in-4, brochés cart., et en feuilles.

Damourette. Les Gueux. *Suite de 19 planches* (sur 20). — **Talin et Damourette.** Les Filles de Marbre, 1853. *Suite de 10 pl.* — **Jacque** (Ch.). Militairiana. *Titre et 20 pl.* — **Baric.** Jean Fusain ou le dessin des Enfans. *17 pl.* — **Randon.** La Lanterne magique. *Titre et 24 pl. coloriées.* — **Album de Chasse.** Le Drag de Pau. *Titre et pl. coloriées.* — **Grandville et Kaulbach.** Album des Bêtes à l'usage des gens d'esprit. — **Les Physiologies** parisiennes. 1869. **Album** de l'Intransigeant. L'Aïeul. — **Baric.** La Légende de l'orphéoniste. 1883. *Ex. sur pap. de Chine.*

16. **Caricatures** (Petits albums de). *Paris, Aubert; Langlumé; Paulin*, etc. 17 vol., brochés et cart. édit.

Cham. Fantasia enfantine. *24 pl. coloriées.* — **Schérer** (L.). Les Délassements comiques. *24 pl.* — **Cham.** Impressions de voyage de M. Boniface, 1844. — **Cham.** Mr Lamélasse. *52 pl.* — **Schérer**, Croquades. Histoire de rire. *24 pl. coloriées.* — **Cham et Quillembois.** Miroirs comiques. *8 albums.* — **Mr de la Canardière** ou les Infortunes d'un Chasseur. *Titre et 25 pl.* — **Musée Aubert.** *64 pl.* — **Le Déluge** à Bruxelles, ou profonde impression de voyage de Noë, par Richard. *40 pl.* — **Lemercier de Neuville.** Les 36 métiers de Becdanlo. *Titre et 39 pl.*

17. **Catalogues illustrés** du Salon et Expositions diverses, etc. 1878-1897. 3 vol. — **Société d'aquarellistes** français. Catalogues. 1879-1891. 13 vol. *(manque l'année 1883)*. Ens. 44 vol. in-8, brochés.

18. **Célébrités contemporaines** *Paris, Quantin*, 1882-1883, 40 biographies reliées en 5 vol. in-12, *port. et fac-similés*, cart. bradel dos percal. rouge, têtes dor., *non rognés, couv. ill. conservées.*

V. Hugo ; E. Augier ; A. Dumas fils ; A. Daudet ; E. Zola ; V. Sardou ; G. Clémenceau ; O. Feuillet ; Labiche ; Rochefort ; J. Claretie ; J. Sandeau ; A. Vacquerie ; P. Déroulède ; L. Halévy ; J. Verne ; F. Coppée ; Ed. Pailleron, etc. — Texte par *J. Claretie, G. de Maupassant, H. Depasse, E. Daudet*, etc.

19. **Celliez** (Mlle A.). Les Reines de France. *Paris, Lehuby, s. d.*; gr. in-8, *fig.*, cart. toile de l'édit., orné fers spéc., tr. dor. *Avec 12 lithographies hors texte.* **Rois et Reines de France**. *Paris, Lith. de Delpech, s. d.*, gr. in-8, mar. noir à long grain, dos et plats ornés, tr. dor. *(Rel. de l'époque). Album de 155 portraits lithographiés.* — **Célébrités contemporaines.** *Paris, Delpech, s. d.*; gr. in-8, mar. noir à long grain, dos et plats ornés, tr. dor. *(Rel. de l'époque). Album de 85 portraits lithographiés.* — **Galerie des Femmes célèbres** de France. *Paris, Sudré, s. d.*, in-fol., cart. *Avec 24 port. lithographiés.* — Ens. 4 vol.

20. **Le Censeur,** ou Examen des actes et des ouvrages qui tendent à détruire ou à consolider la Constitution de l'Etat. Par M. Comte et Dunoyer. 1814-1815. 7 tomes reliés en 4 vol. — **Le Censeur Européen** ou Examen des diverses questions de droit public et de divers ouvrages littéraires et scientifiques considérés dans leurs rapports avec les progrès de la civilisation 1817-1819. 2 tomes en 6 vol. — Ens. 19 tomes en 10 vol. in-8, demi bas.

Seul journal de l'époque véritablement indépendant.

21. **La Charge**, ou les Folies contemporaines. Recueil de dessins satiriques et philosophiques pour servir à l'histoire de nos extravagances. De l'orig., 7 oct. 1832-1834. 3 années en 71 livraisons ; in-4, en feuilles.

Recueil comprenant 71 livraisons, dont 13 pour la 1re année, 52 pour la 2e, et 6 pour la 3e, contenant chacune une planche, à l'exception de 3 nos qui contiennent 2 planches, soit en tout 74 planches. (Il manque à cet ex. la pl. 2 de la 3e année). — L'exemplaire contient le texte de 40 livraisons.

22. **Chronique de Paris**. Politique, littéraire, sciences et arts, etc. De l'orig. no 1, 3 août 1834 à la 4e année, no 27, 31 déc. 1837. 6 vol. in-4, *fig. sur bois d'ap. Daumier et autres*, cart. (1 dérelié).

Manque les nos des 27 déc. 1835, 18 et 25 juin 1837.

23. **La Chronique de Paris.** H. de Villemessant, rédacteur en chef. Janvier 1850-Juin 1852. 4 vol. in-8, *planches*, demi-rel. chag. rouge.

Journal légitimiste et très spirituel.

24. **Commerson**. 7 vol. in-12, in-18 et in-32, brochés et rel., *couv. conservées*.

Pensées d'un emballeur, pour faire suite aux Maximes de La Rochefoucault (1851). *Édit. orig.* — Allons-y gaiement ! aux petites affiches du Tintamarre, 1853. *Édit. orig.* — Rêveries d'un Étameur, pour faire suite aux pensées de Blaise Pascal, 1854. *Édit. orig.* — Mayonnaise d'Ephémérides et de Dictionnaire, *s. d. Édit. orig.* — Un million de binettes contemporaines. Biographie comique. 60 portraits dessinés par Nadar, *s. d.* — Un Million de bouffonneries ou le Blagorama français, 1854. — Bibliothèque Drôlatique, rêveries d'un étameur, petites affiches du tintamarre, code civil dévoilé, etc., *s. d.*

25. **Le Corsaire**, journal des Spectacles, de la Littérature des Arts, Mœurs et Modes. De la 4e année, 1er sept. 1826, à la 30e année, 9 sept. 1852. 30 vol. in-4 et in-fol., demi-rel.

Cette feuille qui a eu une certaine célébrité, à subi de nombreuses interruptions et transformations. Le collationnement en est donc difficile. Il manque à l'ex. ci-dessus, les années 1827, 1832, 1833 et 1845 ; il n'existe que quelques nos des années 1834 à 1836 ; les années 1828, 1829, 1844, 1846, 1847 et 1848 sont incomplètes ; et il semble manquer quelques nos aux années 1830, 1831, 1849 et 1850.

26. **Costumes de différents pays** et costumes historiques. *Paris, Aubert et au bureau des Modes Parisiennes* ; in-4, demi-rel. *Album de 40 planches sur acier, coloriées, d'après Compte Calix, K. Girardet*, etc. — **Toilettes de nos Grands'Mères**, d'après les meilleurs journaux du temps, le journal des Dames et le Petit Courrier des Dames. *Paris, Jal Les Modes Parisiennes, s. d.*; in-4, broché, *couv. imp. Album de 20 lithographies coloriées.* — **Autour de la Table.** Album de l'Histoire des Modes Françaises, par Johannot, Valentin, Janet-Lange, Forest, Cham, Fragonard, etc. 110 dessins. *Paris, Garnier ff.; s. d.*; in-4 obl., cart. toile de l'édit., tr. dor. — **Draner.** Costumes de Carnaval, 16 nouveaux costumes en couleurs ; précédés de quelques conseils sur l'art de se costumer et sur le choix d'un costumes par L. Vanier. *Paris Vanier, s. d.*, in-8, *pl. coloriées*, broché, *couv. imp.* — **Girard** (E.). Carnaval de 1883, 12 Costumes complètement inédits. *Paris, Repetti, s. d.*; in-4, *Suite de 12 planches coloriées*, sous couv. ill. — Ens. 5 vol.

27. **Costumes de Suède**, Norvège, Danemark, etc, dessinés par Belin, K. Girardet, etc. et gravés par Geoffroy et autres. *Paris, Les Modes Parisiennes. 20 planches coloriées.*— **Costumes de la Cour de France**, par Compte-Calix. *Paris*, 1861. *20 planches coloriées.* — **Toilettes de nos Grand'mères**. *Paris, Les Modes Parisiennes.* 20 planches. — **Atlas du Moniteur de la Mode.** *36 planches sur chine monté.* — Ens. 4 albums in-4, brochés et relié.

28. **Le Courrier français**. De la 1re année, n° 1, 16 nov. 1884 à la 13e année, n° 11, 15 mars 1896. *Paris*, 1884-1896. 13 années en numéros.

Manque le n° 3 de l'année 1891 ; les nos 28, 29 et 30 de l'année 1892, et le supplément du n° 42 de l'année 1888.

29. **Croquis par divers Artistes.** *Paris, Rittner, London, Ch. Till*, 1830 ; in-4 obl., en feuilles.

Recueil renfermant 55 lithographies (sur 74), par *Charlet, Decamps, E. Isabey, Mozin, Bellangé, Le Poitevin, Tassaërt, E. Lami, Brascassat, L. Robert et Villeneuve.*

Manque les pl. 6, 11 à 14, 17, 27, 29, 30, 47, 48, 53, 54, 62, 65 à 70. — La planche 19 est en double, différente.

Premier tirage.

30. **Croquis par divers Artistes.** *Paris, Rittner ; Danlos*, etc. In-4 obl., dérelié.

Recueil renfermant 66 lithographies (sur 74) par *Charlet Decamps, Isabey, Mozin, Bellangé, Roqueplan, Le Poitevin, Bellangé, Lami, Tirpenne, Tassaert, Gavarni, Watelet, Brascassat, Villeneuve et Wattier.* — Les pl. 60 et 72 sont en doubles et différentes. — Ens. 68 planches.

Cette édition présente quelques différences avec le Premier tirage. — Plusieurs planches ont été refaites, et d'autres ont changé de numérotage.

31. **Dessin.** — Réunion de 8 vol. in-4, cart. (1 broché).

Album de l'Ecole du Dessin. Journal des Jeunes Artistes et des Amateurs 1re (et 2e) année. *Paris, s. d.*, 2 vol. ; *144 planches.* — **Le même.** 7e année. *Paris, s. d.*, *pl. 433 à 468.* — **Petit Musée des Artiste.** Album des jeunes personnes, par Charpentier et Desandré, *Paris, Langlumé. s. d.*; *front. et 10 pl. lithog.* (*2 exemplaires,* dont 1 avec les pl. *coloriées*). — **L'Album.** Journal destiné à l'enseignement du dessin et de la peinture, sous la direction de M. L. Salme. 1re série, tome 1er, de mai 1840 à mai 1841. *Paris, s. d., avec 27 planches* (*2 exemplaires*). — **Le Colin,** ou Abrégé élémentaire de l'art du coloriste, contenant 12 dessins de principes progressifs, dans lesquels se trouvent le dessin, le lavis à teinte plate et l'aquarelle terminée. Par Challamel, d'après les aquarelles de Bellangé, Coignet, Colin et Lesaint. *Paris; London, s. d.; 12 pl. lithog. en noir et coloriées.*

32. **Divers.** — Réunions de 13 ouvrages in-4 et in-8, *fig.*, brochés et reliés.

Bienvenu (L.). Histoire de France tintamarresque par Touchatout. *S. d.*; ex. en livraisons. — **Le Monde fantastique.** Illustré par Hadol. 1874-1875, 1 vol., *couv. de livraisons.* — **Roussel** (A.). Gros-Jean et son Curé. 1882. **Le Bahut.** Album de St-Cyr. *S. d.* — **Régamey** (F.). A Gambetta. 1884. — **Léonce Petit.** La Conversion de Monsieur Gervais. 1881. — **L'Age du Romantisme.** 1887. 5 livraisons. — **L'Industrie.** Exposition de 1834, par St Flachat. — **Huard.** Le Manteau d'Arlequin. Recueil de mises en scènes. *S. d.* — **Gavarni.** Masques et visages. 1857. — **Crémaillère** chez Anténor Joly. 23 mars 1837. — **Hervilly** (E. d'). Le Grand St Antoine de Padoue. 3e édit. *S. d.* — **Sergines.** Silhouettes financières. 1873.

33. **Divers.** — Réunion de 10 ouvrages in-4 et gr. in-8, brochés et cart.

Formulaire drolatique du Notariat, par E. Clerc-Joyeux. *Paris,* 1877; 3 livraisons. — **Le Parfait Préfet.** Silhouette de haute administration. *Haussmannville,* 1856.— **Le Bahut.** Album de St-Cyr. *Paris, s. d.* — **Régamey** (F.). A Gambetta, 1884. — **Maindron.** Les Programmes illustrés des Théâtres et des Cafés-Concerts. 12 livraisons. — **Costumes Belgiques.** *S. l., n. d. 82 planches lithog. et coloriées par Madou et Van Hemebryck.* — **Bergerat** (E.). Enguerrande. 1884. — **Fourcaud.** Figures d'artistes. Léontine Beaugrand. 1881. — **Robiquet** (J.). Les Lorgnettes. 1900. — **Montet** (J.). Jean-Bart. Illustrations R. de la Nézière.

34. **Divers.** — 11 vol. petit in-12, brochés et reliés.

Code Gourmand, Manuel complet de gastronomie, 3e édit. *Paris, Roret*, 1828, *fig.* — Code civil, Manuel complet de la Politesse. 3e édit. *Paris, Roret*, 1828, *fig.* — Code pénal, Manuel complet des honnêtes gens. Par H. Raisson. 3e édit. *Paris, Roret.* 1829, *fig.* — Code de la Toilette, Manuel complet d'élégance et d'hygiène. *Paris, Roret*, 1828, *fig.* — Manuel de la jeune femme, guide complet de la Maîtresse de Maison. Par Mme la Csse de G... *Paris, Bêchet*, 1829, *fig.* — L'Art de se faire aimer des Femmes et de se conduire dans le monde. *Paris, s. d.* ; *fig.* — Manuel de la Maîtresse de Maison. Par Mme Pariset. *Paris, Audot*, 1821, *fig.* — Manuel complet de la Toilette, contenant l'art de mettre sa cravate. Par M. et Mme Stop. *Paris*, 1828, *fig.* Le Livre du Boudoir. Code de Toilette au XIXe siècle. *Paris*, 1846. — Le Trésor du Foyer. Encyclopédie domestique. *Paris*, 1865 et 1866, 2 vol.

35. **Divers.** — 20 vol., in-16, in-18 et in-32, brochés et reliés.

Bordeaux-Artiste (par Monselet) ; 1855. — La Bourse et les Boursiens, par Turcaret. *Aubert, s. d.* ; *fig.*. — Boursicotiérisme et Lorettisme. 1858. — La Boussole du Mariage, 1841, *fig.* — Catéchisme poissard, *s. d. front, colorié* — Le Château des Démons, 1842, *fig.* — Encyclopédie pitt. du Calembourg, *s. d.* ; *fig.* — Le Langage Poissard. *s. d. fig.* — Le Livre du bon ton. 1846. — Magasin de récréations des Dames. *s. d.* — Les Mystères de la Chemise, par Longueville. 1844, fig. — Lamorillière (R. L. de). Crinolines et volants. 1855. — Panthéon drolatique, ou Galerie pour rire. 1839 ; fig. (*2 ex.*). — Les petites Causes peu célèbres, par M. Ch. Charbonnier. s. d. *fig.* — Physiologie du Sommeil, par Ch. Mosont. 1860. — Pathologie de l'Epicier, par L. de St François. 1841, *fig.* — Physiologie de l'Omnibus, par Ed. Gourdon. s. d. — Le Petit Rivarol, 1843 (*2 ex.*). — La Sorcière pour rire. Parodie, *s. d.*

36. **Dumas** (Alex.). Le Mousquetaire. Journal de M. Alex. Dumas. Du no 1. 10 nov. 1853, au no 159, 30 avril 1854. 1 vol. — Le Mousquetaire. Journal de M. Alex. Dumas. Edition hebdomadaire, Du no 1, 1er oct. 1854 au no 47, 26 août 1855. 2 années en 2 vol.

— Le Caucase. Voyage d'Alex. Dumas. *Paris, lib Théâtrale, s. d.* (1859). 30 numéros en 1 vol. — Ens. 4 vol. in-fol. et in-4, demi-rel.

Editions originales.

37. **L'Echo de la Jeune France.** Journal des progrès par le Christianisme. Du Tome 1er 1833-1834 au tome 7, 1837-1838. *Paris*, 7 vol. in-8, *planches*, veau racine, dos ornés, petite dent., tr. marb. *(Rel. anc.)*.

38. **Le Figaro**, Journal non politique. De la 1re année, n° 310, nov. 1826 à la 7e année, n° 366, 31 déc. 1832, en 7 vol. in-4, cart.

Collection très rare. — Il manque 18 nos à l'année 1827; l'année 1828 ne contient que 27 nos; manque 8 nos à l'année 1829; 4 nos à l'année 1830; 2 nos à l'année 1832.

Outre l'intérêt politique de ce journal, après 1830, il offre un grand intérêt littéraire, et c'est le journal le plus curieux de l'époque romantique. — *Il n'existe aucune collection complète de ce journal.*

38 *bis* — **Le Figaro.** De 1829 à 1832. Numéros dépareillés, doubles de la collection ci dessus. 9 vol. in-4, demi-rel. et cart.

39. **Le Figaro illustré**, 1883-1884 à 1889-1890. 6 nos. — Deuxième série, n° 5, août 1890 au n° 130, janvier 1901. In-fol., en numéros.

Manque n° 31, déc. 1892; l'année 1893 (moins les nos de janv., fév. et déc); le n° 63, juin 1895; les années 1897, 1898, 1899; les nos 126 et 129, Sept. et déc. 1900.

On a joint: **Paris-Noël.** De la 1re année, 1885-1886, à la 16e année 1900-1901. In-fol., en numéros (manque les 7e, 8e, et 13e nos).

40. **Folies Caricaturales.** Album baroque. *Ex. en livraisons, avec couv. ill.* — **Musée des Enfans.** 2 albums. — **La Lanterne Magique.** *72 planches.* — **Le Roi des Albums.** — **Les Physiologies parisiennes.** — **Choix de Dessins** et Articles, extraits du Musée Philipon. — *Paris, Aubert;* 7 albums in-4, cart. et en feuilles.

41. **Forain. Le Journal pour tous.** Supplément hebdomadaire illustré du « Journal ». Du n° 1, 4 janv. 1893 au n° 52, 27 déc. 1893. — **L'Echo de Paris** Supplément littéraire illustré. Du n° 1, 31 janv. 1892 au n° 51, 15 janv. 1893 (manque les n°s 17 à 23, 25, 28 à 30, 32, 34, 43 et 48).

On y a joint un lot de n^os^ dépareillés : 1° du *Gil Blas Illustré* de la 1re à 7e année, 1891 à 1897. (L'année 1895 est complète). — 2° du *Mirliton,* de la 9e à 12e année, 1893 à 1896.

42. **La Foudre,** Journal des nouvelles historiques, de la littérature, des spectacles et des arts. (Par Alph. de Beauchamps et autres). Du 10 mai 1821 au 30 nov. 1823. 10 vol. in-8, *planches,* brochés, et en n^os^ ; le dernier vol., cart. anc., non *rognés* (manque le n° 11 du tome X).

43 **La Foudre**. Du n° 56 au n° 137 (30 Mars 1823) et du n° 1, 5 juin 1823 au n° 24, 30 sept. 1823. *Paris,* in-8, *fig.*, brochés et reliés.

Manque les n°s 84, 102, 127, 128.

44. **France administrative**. Gazette des bureaux, organe des intérêts moraux et matériels des administrateurs. *Paris,* 1841-1843, 3 vol. in-8, *planches par H. Monnier et autres,* demi-rel.

45 **La France littéraire**. Du tome Premier, 1832 au tome XXXVI, 1839. 36 vol. — Nouvelle Série, tome I., 1840 au tome XIV, 1843. 14 vol. — Ens. 50 vol. in-8 et gr. in 8, *fig.*, demi-rel., cart. et en livraisons.

46. **La France Littéraire.** Nouvelle Série. 1840-1843, 14 tomes en 7 vol. gr. in-8, *fig.*, demi-rel.

47. **Gazette anecdotique**, littéraire, artistique et bibliographique, publiée par G. d'Heylli. *Paris, Lib. des Bibliophiles.* 1876-1895. 20 années en 20 vol. in-12, cart. toile, *ébarbés,*

48. **Gazette des Beaux-Arts**. Première période, 1859-1868, 25 vol. — Deuxième période, 1869-1888. 38 vol. — Troisième période, 1889 et 1895. 4 vol. — Annuaires publiés par la Gazette des Beaux-Arts. Années 1869 et 1870-1872. 2 vol. — Ens. 69 vol., reliés et en livraisons.

49. **Gœtschy** (G.). Les Jeunes Peintres Militaires. De Neuville, Detaille, Dupray. *Paris, Baschet*, 1878. — **Richard** (J.). En Campagne (2e série). Tableaux et dessins de Meissonier, Ed. Detaille, A. de Neuville, etc. *Paris, Bonssod* ; *Baschet, s. d.* (*Un des 25 ex. sur* **papier du Japon**). — Ens. 2 vol. in fol., *fig.*, demi-rel. et en livraisons.

50. **Les Grands Ecrivains de la France**. *Paris, Hachette*, 1865-1893, 52 vol. in-8, brochés, *couv. imp.* (*Tiré à 150 et 200 ex. sur papier vélin*).

La Bruyère. Œuvres. 1865-1882, 5 vol.
La Fontaine. Œuvres. 1883-1892, 11 vol.
La Rochefoucauld. Œuvres. 1868-1883, 6 vol.
Molière. Œuvres. 1875-1893, 12 vol.
Saint-Simon. Mémoires. 1879-1893, 10 vol.
Saint-Simon. Ecrits inédits. 1880-1893, 8 vol.

51. **Grévin**. — Almanachs des Parisiennes. 1871, 1873 à 1885. 14 albums petit in-4, fig., brochés, *couv. ill.* — L'Esprit des Femmes. *Paris, Dusacq et Cie, s. d.* in-4, *fig. col.*, cart. de l'édit. — Le Monde Amusant. 6e Album. *Paris, s. d.*, in-4, *fig. col.*, broché, *couv. ill.* — Petites gredineries parisiennes. *Paris, Lahure, s. d.*, in-4, broché, *couv. imp.* — La Petite poste des amoureux. Illustré de 150 dessins par Grévin. *Paris, Th. Lefèvre, s. d.*, in-12, *fig.*, demi-rel. chag. vert. — Ens. 18 albums.

52. **L'Homme gris** ou Petite Chronique. *Paris*, 1817-1818. 15 nos en 2 vol. (*complet*). — **Le Nouvel Homme gris**, 1818-1819. *Tome II seul.* 1 vol. — **Les**

Paquets, ambigu, politique, moral et littéraire. 1818. 10 liv. en 1 vol. (*Complet*). — **Le Drapeau blanc**, par Martainville. 8e *livraison*, 1819. — **L'Observateur Royaliste**. *Paris*, *Gide*, 1819, 1 vol. — **Bibliothèque Royaliste**. Tome II et III. *Paris*, 1819. 2 vol. — Ens. 7 vol. et 1 liv. in 8, *planches*, cart. ou reliés.

53. **Hugo** (V.). Parodies et écrits divers sur V. Hugo. — 32 vol. in-8, in-12 et in-32, brochés et cart.

Le dernier jour d'un condamné, par MM. Dartois, Masson et Barthélemy, 1829. — Le Lendemain du dernier jour d'un condamné, 1829. — Le dernier jour d'un employé, 1829. — La Famille d'un condamné ou la Peine de Mort. Par V. Fleury, 1829. — Le Doge et le dernier jour d'un condamné, Vaudeville. Par MM. Simonnin et Vanderburch. 1829. — Marionnette. Parodie de Marion Delorme, par MM. Dupeuty et Duvert. 1831. — Gothon du Passage Delorme. Par MM. Dumersan, Brunswick et Céran, 1831. Tigresse Mort aux Rats. ou Poison et contre-poison. Par MM. Dupin et Jules, 1833. — Marie Crie-Fort. Parodie, 1833. — Marie Tudor, racontée par Mme Pochet à ses voisines (1833). — Marie, tu dors encore ! Drame presque historique, par MM. A. Chaulieu et L. Bataille. (1873). — Angelo, tyran de Padoue. Dame en 4 actes, en prose, raconté par Dumanet. 1835. — Cornaro, tyran pas doux. Par MM. Dupeuty et Duvert, 1835. — Poltrono, tyran.... on ne sait pas d'où. *Bruxelles*, 1835. — Le Puff, revue en 3 tableaux, par MM. Carmouche, Varin et Huart, ornée de Ruy-Blag. (1839). — Ruy-Brac. Tourte en 5 boulettes... par Max de Redon, 1838. — Ruy-Black ou les Noirceurs de l'Amour. Par M. Ch. Gabet, 1873. — Vémar. Les Misérables pour rire, 1862. — Parodie des Misérables de V. Hugo, par Baric ; 2 parties. — V. Hugo revu et corrigé à la plume et au crayon par Gill. Les Chansons des Grues et des boas. 1865. — Touchatout. L'Homme qui rit. (1869). etc.

54. **Hugo** (V.). Portraits, scènes, journaux, placards, chansons, affiches, parodies, etc., concernant Victor Hugo. — Un fort dossier.

55. **Journal de l'Armée**. De la 1re année, 1833 à la 4e année, 1836, 4 vol. *(Manque le titre et le n° 1 de la 4e année)*. — **La Revue des Armées** de terre et de mer. Journal mensuel militaire et politique, de nov. 1837 à janv. 1839. 1 vol. — Ens. 5 vol. in-8, *planches en noir et coloriées*, demi rel.

56. **Journal des Artistes**. De l'origine, 1827 à la 10e année 1836. *Paris*, 1827-1836 ; in-8, *fig.*, brochés et en livraisons. — Journal des artistes. Nouvelle collection. *Paris*, 1844-1847, 4 vol. in-4, *fig.*, demi-rel.

Manque l'année 1833 ; les années 1834 et 1836 sont incomplètes. — On a joint quelques numéros des années 1837 à 1843.

57. **Journal des Connaissances** Utiles. De l'orig. 1831 à 1839 9 vol. — **Nouveau Journal des Connaissances Utiles**. Encyclopédie mensuelle. De l'orig. 1853-1854 à 1859-1860. 7 vol. — **La Mosaïque du Midi**, publication mensuelle. De l'orig., 1838 à 1842. *Toulouse*. 6 vol. — Ens. 22vol. in-8, *fig, sur bois*, demi-rel.

58. **Journal des Enfants**, rédigé par toutes les sommités Littéraires (A. Dumas, J. Janin, L. Desnoyers, etc.) et enrichi de dessins composés et gravés par les meilleurs artistes. *Paris*, 1832-1846, 14 vol. (sur 15; manque le tome 14), in-8, *fig. sur bois*, les 10 premiers reliés en demi-vélin vert, les 4 derniers en demi-rel. veau.

59. **Journal des Gourmands** et des Belles ou l'Epicurien Français, rédigé par l'auteur de l'Almanach des Gourmands (Grimod de la Reynière). *Paris*, 1806-1810, 20 vol. in-18, port. et front., veau racine, dos ornés (*Rel. anc.*).

60. **Journal des Haras**, Chasses, Courses de Chevaux, etc. Tomes 24 à 26 (oct. 1839 à mars 1841) et tome 40 à 47 (janv. 1846 à nov. 1849; manque d'oct. à déc. 1848 et d'avril à oct. 1849). In-8, pl., en 3 vol. reliés et en numéros.

On y a joint : *L'Eleveur*, journal des Chevaux. *Paris*, 1835. 1 vol.

61. **Journal des Voyages**, découvertes et navigation modernes; ou Archives géographiques et statistiques du XIXe siècle. *Paris*, 1821-1827, 36 vol. in-8, *pl.*, cart. anc., *non rognés*.

62. **Journal Polytype** des Sciences et des Arts. *Paris*, 1786, 6 vol. in-8, *planches*, veau anc.

63. **Journaux de Provinces**. — Réunion de 12 journaux in-8 et in-4, brochés, reliés et en feuilles.

La Marionnette. Journal satirique. *Lyon*. 1867-1868, 1 vol. — **Journal de Guignol**. *Lyon*. 1865-1866, 1 vol. — **Les Matinées d'Aix-les-Bains**, par Mme de Solms. *Chambéry*. De la 2e année, janv. 1859 à la 3e année, nov. 1860 ; in-8, *port.-charges de V. Hugo, Ponsard, F. Pyat, G. Sand, etc.*, in-4 cart. (manque 2 n^{os}). — **L'Actualité Dauphinoise** illustrée. 1re à 3e année, 1887-1889. *Grenoble*. 2 vol. — **L'Echo de Gascogne**. De la 2e année 1887 à la 5e année 1890. *Agen*, 2 vol. — **Le Routier des Provinces méridionales**. *Toulouse*, 1842, 1 vol., *planches. Texte par A. Dumas, Th. Gautier, G. Sand.* etc. — **La Revue de l'Aude** (et Revue Méridionale). 3e année 1888 à la 16e année 1901. *Carcasonne*. N^{os} dépareillés. — **Le Mois Cigalier**. Petit Courier méridional. 1887-1891. 5 vol. — **Le Chat Huant**. *Bordeaux*. 1892. 1 vol. — **La Gazette des Bains de mer de Royan**, 1878-1891. *Incomplet*. — **La Revue illustrée de Bretagne et d'Anjou**. 1re et 2e année, 1886-1887. 2 vol. — **Rouen-Henri II**. N^{o} unique. *Rouen*, 1880. 1 vol.

64 **Journaux de Provinces.** — Réunion de 12 ouvrages reliés, brochés et en livraisons.

Annales des Basses-Alpes. *Digne*, 1842, 4 vol. — **Annales du Mont St-Michel**, 1874-1887. 5 vol. — **La Bretagne artistique**. 1880-1881, 12 n^{os}, plus 1 n° spécimen. — **Les Enfants du Nord**. Revue littéraire, artistique et historique. De la 1er année 1893 à la 3e année, 1895. 33 livraisons (*manque le n° 6*). — **Le Feu follet**. Revue littéraire. De la 1re année, 1880-1881, à la 9e année, n° 137, sep. 1889 (*manque les liv. 61, 110, 119, 123 et 134*). — **Revue d'Austrasie**. N^{os} de juillet à nov. 1839 ; janv. à mai 1841 ; janv., avril, mai, sept. et oct. 1842 ; et janv., mai et juillet 1843. — **La Revue de l'Est**. 1894 ; 2 vol. — **La Revue du Nord**. Du 1er nov. 1893 au 1er déc. 1895 (*manque plusieurs livraisons*). — **Revue du Breton**. *Nantes*, 1836-1837 ; 2 vol. — **Revue Monégasque**. Lettres, Sciences et Arts. Du n° 1, janv. 1893 à la 2e année, mai 1894 (*manque avril 1894*). 16 livraisons. — **La Revue Normande** et Parisienne. De la 6e année, n° 1, janv. 1888, à la 10e année, déc. 1892 (*manque la livr. d'oct. 1892*). — **L'Union scientifique**. *Amiens*, 1888-1890, 8 vol.

65. — **Journaux Lillois : Le Barbier de Lille**. De l'orig. 26-27 nov. 1843 à la 4e année, 14 juin 1846 (à partir du 27 mai 1846 le journal porte : *Le Messager du Nord*). 1 vol. — **Le Lillois**. Du 8 déc. 1884 à la 10e année, n° 450. 16 juillet 1893. 9 vol. — **La Revue du Nord**. 1re année. *Lille*. 1833-1834. 2 tomes en 1 vol. — Ens. 10 vol. in-fol., et 1 vol. in-8, *pl.*, cart.

66. — **Revue Comique Normande.** 1871 (n°s 1 à 10), années 1882 à 1895 inclus. Exemplaire en numéros, avec tirages à part des illustrations parues dans cette Revue, en noir et *coloriées*. — **Le Petit Havre illustré**. Années 1899 à 1904. Exemplaire en numéros.

Exemplaires provenant de la *Collection de M. Mallet, du Hâvre.*

67. — **Revue de Rouen** et de Normandie. Rouen, 1832-1851, 19 années en 19 vol. in-8, *planches*, cart. anc., *non rognés.*

68. **Journaux des XVIIe et XVIIIe siècles.** — 44 vol. et en livraisons, in-8 et in-4.

Le Mercure Français. Années 1611 ; 1614 ; 3e tome, 1617 ; 4e tome, 1617 ; 5e tome, 1619 ; 6e tome, 1621 ; 7e tome. 1623 ; 8e tome, 1626 ; 9e tome, 1624 ; 14e tome, 1627 ; 15e tome, 1631 ; 16e tome, 1632 ; 21e tome, 1639. — Ens. 13 vol.

Journal des Sçavans. Années 1684, 1705, 1707 et 1708. 4 vol. in-4. — Tome 8, 1680, 1 vol. in-12. — Ens. 5 vol.

Gazette de France. Années 1773 et 1784. 2 vol.

Journal historique sur les matières du tems. Années 1729, 2 vol.; 1733 (tome 1er) ; 1734 (tome II) ; 1735 (tome IIe) ; 1736 (tome 1er). — Ens. 6 vol.

Journal étranger. Ouvrage périodique. Juillet 1754 : Janvier, Mai, Juin (second tome) et Août 1755. — Ens. 5 vol.

Journal Œconomique. Année 1759. 1 vol.

Gazette littéraire de l'Europe (par Arnaud et Suard). Paris, 1764-1766. 8 vol. (*Collection complète*).

Le Nouveau Spectateur ou Examen des nouvelles pièces de Théâtre. Par M. le Prévost d'Exmes (devenu le *Journal des Théâtres*). 3e cah., 1770 ; 1er, 2e et 3e cah. 1775 : Avril et Oct., 1776. 14 n^os^ en 1 vol. et en cah. ; Avril au 15 Août 1777, 10 n^os^ ; Avril à Juin 1778, 5 n^os^ (sur 6).

La Feuille sans titre. Du n^o^4, 4 fév. 1777 au n° 200, 19 août 1777. 2 vol.

Journal littéraire de Nancy. N^os^ dépareillés des années 1781 à 1787. 7 n^os^.

Journal de Kern. Tome 1er, 1785. 1 vol.

69. **Journaux divers**. — 11 vol in-4, *fig.*, cart. et demi-rel.

Méphistophélès. 7e année. n° 1 au n° 105, 3 janv.-29 déc. 1839, 1 vol. — **Dimanche**. Revue de la Semaine. Du 23 mars au 15 mai 1840. 1 vol. — **Journal du dimanche**. Gazette universelle de la semaine. Du n° 41 au n° 48, 4 juill.-22 août 1847, 1 vol. — **La Lanterne magique**. De l'orig. n° 1 au n° 12, 5 oct. 21 déc. 1848. 1 vol. — **Figaro**. Programme des Théâtres. 1re année, 1848. 6 n°s. 1 vol. — **La Presse Parisienne**. 1850. 2 n°s. 1 vol. — **Le Réveil**. Rédacteur en chef. M. Granier de Cassagnac. Du n° 1, 2 janv. 1858, à la 2e année, 16 avril 1859. 3 vol. — **Le Furet**. Journal de tous les jours, paraissant le dimanche. 6e année, n° 39. 25 sept. 1859 à la 11e année, 17 avril 1864. 1 vol. (*incomplet*). — **La Surprise**. De l'orig., n° 1, 29 juin 1867 au n° 30, janv. 1868, 1 vol.

70. **Journaux divers**. — Réunion de 7 ouvrages en 10 vol. in fol. et in-4, brochés et reliés.

Le Revenant. De l'orig., 1er janv. 1832 au n° 366, 31 déc. 1832 (*manque quelques nos*). (Journal légitimiste, très rare).

L'Europe littéraire. De l'orig., 1er mars au 9 août 1833. 69 nos.

Le Flâneur. Cicerone des étrangers à Paris. 1834-1835, 105 nos (*incomplet de quelques nos; les premiers nos sont rongés dans le haut*).

Le Cygne. Feuille artistique et littéraire. De l'orig., 24 mai 1840, au n° 50, 9 mai 1851, *planches*.

Le Compilateur. Revue des journaux français et étrangers. Du n° 19 au n° 30, 1842 ; *lithog. par Traviès*.

Revue de Paris. Du 4 mai 1844, au 14 juin 1845. 4 vol.

Jean Diable. De l'orig., 27 nov. 1862, au n° 37, 8 août 1863.

71. **Journaux divers**. — Réunion de 21 journaux différents.

Le Sans-le-Sou. 1854-1855. 11 nos. — **La Terre-Promise**. 1855. 7 nos. — **Le Bohémien**. 1855. 8 nos. — **L'Enfant terrible**. 1855. 3 nos. — **La Fortune**. 1855. 3 nos. — **La Muselière**. 1855. 11 nos. — **L'Original**. 1855. 5 nos. — **L'Ane savant**, tenant école pour tout le monde. Directeur-Gérant : Th. Coffinier. 1857. — **La Marionnette**. Journal satirique. 1867-1868. 81 nos — **Satan quotidien**. 1868. 24 nos. — **La Bourse Comique**. 1869. 17 nos. (*manque les nos 14, 15 et 16*). — **Paris Caprice**. Gazette illustrée, littéraire et artistique. Tome III. 1869. — **Le Vélocipède illustré**. 1869-1870. 72 nos. — **Le Piron**. 1880-1882. — **Le Parisien illustré**. 1881-1882. 76 nos. — **L'Esprit Gaulois**. 1881-1882. — **Le Capitan**. 1883-1884. — **La Vie au Château**. 1889-1890. 43 nos. — **Paris-Gaieté**. 1891-1892. — **Le Gueux**. 1891-1892. 16 nos. — **La Faridondaine**. 1892-1893.

72 **Journaux pour la Jeunesse.** — Réunion de 44 vol, in 8, *fig. sur bois, pl.*, reliés et brochés.

La Semaine des Enfants. De la 1re année, 1857 à la 14e année, 1866. 14 vol. — **L'Image.** Revue Mensuelle illustrée de l'orig. 1847 à 1849. 3 vol. — **La Ruche.** Journal d'Etudes famillières. 1re année, 1836-1837, au tome IV. 4 vol. — **Journal des Enfants.** 1855, 1856 et 1858. 4 vol. **Le Monde des Enfants.** 1845. 1 vol. — **Le Monde des Enfants.** Nouv. journal de la jeunesse. 1869. 2 vol. — **Journal de la Jeunesse.** 2e et 3e année. 1835-1836. 2 tomes en 1 vol. — **Revue illustrée de la Jeunesse.** 1845. 1 vol. — **L'Etoile de la Jeunesse.** Tome 1er 1837. 1 vol. **Le Bon Génie des Enfants.** 1re année, 1842, 1 vol. — **Revue des Enfants.** Tome 1er. 1836. 1 vol. — **Le Mentor.** Journal du jeune âge. Tome 1er 1833-1834. 1 vol. — **Le Livre des Ecoliers.** 1848. 1 vol. — **La Morale en action.** 1842. 1 vol. — **Le Livre des Familles.** 2e année. 1846. 1 vol. — **Le Lycée.** 1re année, 1853. 1 vol. — **L'Etoile.** Journal-Revue des familles. 1re année. 1856. 1 vol. — **Journal des Soirées de Familles.** 1860-1861. 2 vol. — **Le Moniteur de la Jeunesse.** 1863. 1 vol. — **Le Musée des Enfants.** Tome V. 1868. 1 vol. — **L'Ami des Enfants.** 4e année. 1871-1872. 1 vol.

73. **Les Lettres et les Arts.** Revue illustrée, année 1886. *Paris, Boussod, Valadon et Cie*. 12 livraisons in-4, fig., brochés, *couv. imp.*

74. **Les Lettres et les Arts.** Revue illustrée. 1887, 1889, 1894. 3 livraisons, reliés en 3 vol. in-4, *pl.*, maroquin vert, encad. de fil. sur le dos et sur les plats, dent. int., doublé et gardes de papier fantaisie, tr. dor. ; étui.

Numéros des lettres et des Arts offert à M. A. Millaud, renfermant des articles relatifs à V. Sardou, Mme Judic et Mlle Bartet.

75. **Le Livre.** Revue Mensuelle. *Paris, Quantin*, 1880-1889, 10 vol. — **Le Livre Moderne**; publié par O. Uzanne. *Paris, Quantin*, 1890 1891, 24 nos. --

L'Art et l'Idée ; publiée par O. Uzanne. *Paris*, 1892. 12 nos. — **Le Livre et l'Image.** Directeur littéraire : J. Grand-Carteret. *Paris, Rondeau*, 1893-1894, 14 nos. — Ens. 4 ouvrages, gr. in 8, *fig.*, en livraisons.

76. **Magasin des Arts et de l'Industrie.** 1re année, juillet 1868, à la 8e année, déc. 1877. *Paris, Gagnon ; Ducher et Cie ;* 8 années, in-4, *planches*, en livraisons, dans 7 portefeuilles.

77. **Mercure de France.** Du tome II, no 16 (avril 1891) au tome XX, no 82 (octobre 1896), 75 numéros. (*manque les nos 17 à 21, 45 et 51*).

78. **Le Mercure du Dix-Neuvième Siècle.** Rédigé par une Société de Gens de Lettres. *Paris, Baudouin ff.*, 1823-1827, 18 vol. in-8, demi rel.

Rédigé par F. Bodin, Dulaure, Dupaty, Etienne, Tissot, Senancourt et autres. Le but principal de ce recueil était d'essayer de donner une direction aux théories nouvelles qui commençaient à se produire dans la littérature française sous le nom de Romantisme. Etienne y publia, du commencement au 24 sept. 1825, des Lettres sur le Théâtre, qui sont une histoire assez fidèle de l'Art dramatique durant cette période.

79. **La Minerve française**, par MM. Aignan, B. Constant, Evariste Dumoulin, Etienne, A. Jay, E. Jouy, Lacretelle aîné, Tissot, etc. Février 1818-mars 1820. 9 vol. in-8, cart. anc., *non rognés*, *Portraits ajoutés.* — **La Minerve littéraire**, par MM. Berville, E. Dupaty, Amaury Duval, De Senancourt, Gay, Viennet, A. Lameth, Ségur, etc. Dirigée par Mme Dufresnoy, 1820-1821. 2 vol. in 8, demi bas. — Ens. 11 vol.

La Minerve française fut la véritable satire Ménippée de la Restauration.

80. **Mirbeau** (O.). Les Grimaces. Du no 1, 21 juillet 1883, au no 20, 1er déc. 1883. 20 numéros in-18, couv. ill. (*Collection complète.* On y a joint 2 affiches).

81. **La Misère sociale de la Femme,** d'après les Ecrivains et les Artistes du XVIIe au XXe siècle. Préface par Léon Bourgeois. Texte par MM. Paul Adam, Brieux, Frapié, C. Lemonnier, P. Louys, P. et V. Margueritte, J. Richepin, etc, avec 10 estampes originales par Ch. Cottet, Devambez, A. Faivre, Ch. Léandre, Lepère, Steinlen, J. Veber, etc., 25 reproductions, d'après Carpaccio, Callot, Watteau, Jeaurat, Hogarth, Debucourt, Goya, Gavarni, Guys, Manet, Degas, Rodin, Rops, Legros, Carrière, Forain, etc. *Paris, Devambez*, 1910, in-fol., *planches*, cart. *non rogné*, dans un étui.

Ouvrage imprimé à *220 ex. sur Papier vélin d'Arches*. (Ex. imprimé pour M. Charles Malherbe).

82. **Moniteur des Arts**, de la Littérature et de toutes les Industries relatives à l'Art. Album des Expositions du Louvre. *Paris, Gide*. 1845-1847, 4 vol.; *lithographies hors texte*. — **L'Artiste**, journal du Progrès. Revue des Arts et de la Littérature, publié avec gravures et musiques. *Bruxelles*, 3e et 4e année, 1835-1836, 2 vol., *planches* (on a relié par erreur dans le 1er vol., la livraison de janvier 1837 au lieu de celle de 1835). — **L'Art au Dix-Neuvième siècle.** Organe de la Société Libre des Beaux-Arts et de la Société du Progrès de l'Art Industriel. 5e année, 1860. 1 vol., planches. — **Musée Artistique** et Littéraire. *Paris, Lib. de l'Art*, 1879-1881, 6 vol. — **Chronique de l'Art.** De l'orig., 1881-1888 (manque l'année 1883), 7 vol. — **L'Art Ornemental.** De l'orig. 1883-1886. 2 vol. — **L'Art dans les deux Mondes.** 1re série, 1er semestre, 22 nov. 1890-16 mai 1891. 1 vol. — Ens. 23 vol. in-4, brochés, cart. et demi-rel.

83. **Murger** (Henri). La Vie de Bohême de Henry Murger, illustrée par André Gill (et Fréd. Régamey). *Paris, Librairie illustrée, s. d.* (1877), gr. in-8, *fig, coloriées,*

cart. bradel, dos percal. verte, *non rogné, couv. de livraison* (2 portraits ajoutés).

Premier tirage.

84. **Le Musée d'Aquitaine**. Recueil uniquement consacré aux Sciences, à la Littérature et aux Arts. *Bordeaux*, 1823 1824, 3 vol. in-8, *planches*, brochés, *couv. ill.*

85. — **Le même ouvrage**. *Bordeaux*, 1823-1824, 3 vol. in-8, *fig.*, demi-rel.

86. **Le Nain Jaune**, ou Journal des Arts, des Sciences et de la Littérature (par Cauchois-Lemaire, Etienne, Merle, Jouy). De l'orig.. 15 déc. 1814 au 15 juillet 1815. 43 numéros ; **Le Nain Jaune réfugié,** par une Société d'anti-Eteignoirs. *Bruxelles*, mars-déc. 1816. 42 n^os^. Ens 4 vol. in 8, *planches*, brochés et en livraisons. — **Le Nain Vert** ou Mélanges de Politique (devenu le Géant Vert, puis la Chronique politique et littéraire, et la Chronique de Paris). *Paris*, 1815-1816, 83 numéros en 6 vol. in-8, cart. bradel, *non rognés*. — **Le Nain couleur de Rose**. Journal politique, littéraire et moral (par Théaulon et Dartois). De l'orig. 15 sept. 1815 au 29 fév. 1816. *Paris*, 1815-1816, 2 vol. in-8, *planches*, broché et en livraisons (*manque les n°s 2, 3, 5, 6, 8 à 10 du 1er vol. ; On y a joint le n° 9 du 3e vol.*). — **Le Nain Blanc**. Second cahier. 10 juin 1815. 1 n°.— **Le Nain Tricolore**, ou Journal des Arts, des Sciences et de la Littérature. N° 1. Janv. 1816, 1 n°.— **Le Nain**. Journal des Théâtres, de la Littérature, des Mœurs, des Arts et des Modes. De l'orig. 25 janv. au 10 juillet 1825. 34 numéros.

87. **Napoléon**. Journal anecdotique et biographique de l'Empire et de la Grande Armée. *Paris*, 1834-1835, 2 vol. in-8, *pl. et fig.*, demi-rel.

88. **Napoléon 1er** (Ouvrages et brochures sur). — Réunion de 7 vol. et broch. in 8, reliés et brochés.

Barthélemy et Méry. Napoléon en Egypte. Edition illustrée par H. Vernet et H. Bellangé. *Paris, Bourdin, s. d.* (1842) ; *fig. dans le texte et 17 pl. hors texte sur chine.* **Méry et Barthélemy**. Waterloo. Au général Bourmont. 6e édit. *Paris*, 1830 ; *Vignette par H. Monnier.* — **Thévenot** (A.) (*de la Creuse*). L'Epopée de l'Empire. *Paris*, 1844 ; *port. ajoutés.* — **Dumas** (A.). Napoléon Bonaparte. Drame en 6 actes. *Paris*, 1831. — **Rencontre** du major général sir Hudson Lowe avec M. le Bon E. de Las Cases. *Paris*, 1822. — **Buonaparte**, par Lord Byron. 1824. — **Napoléon Bonaparte** envisagé comme vainqueur des nations. Par M. de Lows... 1821.

89. **Le Navigateur**. Journal des Naufrages et des autres événemens nautiques ; par une Société de marins. *Havre*, avril 1829-1834, 9 vol. in-8, *planches* demi rel. de l'époque.

90. **Le Pandore**. Journal des Spectacles, des Lettres, des Arts, des Mœurs et des Modes. Du n° 1, 16 juillet 1823 au n° 1910, 14 août 1828 ; 9 vol. in-4, *pl. par Pigal, Charlet, A. de Valmont, etc.*, demi rel. et cart.

Publication faisant suite à celle du **Miroir**. — Il manque à l'ex. le 2e semestre 1825, les nos 1139 a 1169 et 1209 du 2e semestre 1826, les nos 1686 à 1745 du 1er semestre 1828 et enfin les nos 1900, 1902, 1909 et 1910 (dernier n°).

91. **Panorama d'Angleterre**. Journal politique, littéraire, historique, par Charles Malo. *Paris*, 1816-1818. 3 tomes reliés en 2 vol. in 8, *planches et musique*, demi-rel.

92. **Panoramas**. Réunion de 12 ouvrages en livraisons, la plupart dans leurs cartonnages d'éditeurs.

Album National. France, Algérie, Colonies. *Paris, L. Boulanger, édit.* 75 numéros. — **Album Universel**. *L. Boulanger, édit., Paris.* 40 numéros. —

Album du Monde Illustré. La Russie et les Russes. 25 numéros. — **Un Voyage à travers l'Amérique**. Edition spéciale de l'Echo de Paris. *Paris, Greig et Cie, édit.* 20 numéros. — **Album Militaire** Scènes de la vie de soldat. 15 numéros. — **Le Panorama**. Merveilles de France, Algérie, Belgique, Suisse. *Paris, L. Baschel, édit.* 25 numéros. — **Le Diorama photographipue**. 88 numéros. — **Le Panorama Salon**. 1895. *Paris, Baschel, édit.* 7 numéros. — **Les Tableaux célèbres** du Monde. 16 numéros. — **Portefolio**, de Photographies de villes, paysages et peintures célèbres rassemblées par John L. Stoddard. *Chicago.* 16 numéros. — **Portefolio Colonial**. Possessions et dépendances françaises. *Chicago*, 12 livraisons. — **La Galerie Comique** du Dix-Neuvième Siècle. Caricaturistes contemporains. 10 numéros.

93. **Paris** (Ouvrages sur), **Voyages**, etc. — Réunion de 15 vol. in-fol., in-4, in-8 et in-16, cart. des édit., demi rel. (1 broché).

Paris et ses environs reproduit par le daguerréotype. *Paris, Aubert*, 1840; *avec 60 planches*. — **Richomme** (Mme Fanny). Paris Monumental et historique. *Paris, Ve L. Janet, s. d.; pl. et fig.* — **Paris chez soi**. *Paris, Boizard, s. d., fig.* — **Lazare** (F.-et-L.). Dictionnaire administratif et hist. des Rues de Paris et de ses Monuments. *Paris*, 1844. — **Les Eglises de Paris**. *Paris, Martinet; Curmer*, 1843; *avec 20 grav. sur acier*. — **Guides de Paris**. *Paris, Paulin et Le Chevalier*, 1855, 5 vol., *fig. et plans*. — **Paris-Guide**. *Paris, Lacroix*, 1867, 2 vol.; *fig. et plans*. — **Les Chemins de fer illustrés**, par M. Gallois Environs de Paris. *Paris, s. d. fig.* — **Voyage** de LL. MM. l'Empereur et l'Impératrice dans les dépts de l'Ouest, août 1858; *fig. sur bois*. — **Voyage illustré** dans les 5 parties du Monde. Par Ad. Joanne. *Paris, s. d. fig.*

94. **Paris à l'Eau-forte** (Journal hebdomadaire) d'actualité, de Curiosité et de Fantaisie. Rédacteur en chef: Rich. Lesclide. Directeur des Eaux-fortes : Fréd.

Pégamey. Paris, mars 1873 à déc. 1876. 4 années en 11 vol. gr. in-8, *fig. et pl.*, les 3 premiers vol. brochés, les autres en livraisons.

Manque les liv. 59, 66 et 68, et des planches au tome IV, la livraison 82 et 18 planches au tome V.

On y a joint : *R. Lesclide.* Une maison de fous. Comédie en 1 acte et en vers, avec 4 eaux-fortes de H. Somm. — *Premier duel de Pierrot,* parade en 1 acte et en vers par le Grand Jacques, avec 3 eaux-fortes de H. Somm et de Courtois. — *Paul Arène.* Un duel aux Lanternes. Comédie en 1 acte en vers. — *Album du Journal.* Paris à l'eau-forte pour 1875. 20 eaux-fortes originales. Tiré à 100 ex. — Ens. 4 plaquettes gr. in-8, *fig.* brochés, *couv. imp.*

95. **Paris Comique.** Revue amusante des caractères, mœurs, modes, folies, ridicules, excentricités, niaiseries, bêtises, sottises, voleries et infamies parisiennes. Texte non politique par MM. L. Huart, Michelant, Ch. Philipon, et autres rédacteur du Charivari. Dessins comiques par MM. Bouchot, Cham (de N...), Daumier, Gavarni, Grandville et autres artistes du Musée Philipon. *Paris, chez Aubert, s. d.* (1841) ; in-4, cart. ill. de l'éditeur.

Ouvrage accompagné de 19 lithographies (sur 20) *coloriées :* dont 2 de *Daumier*, 1 de *Gavarni*, 1 de *H. Monnier* 2 de *Traviès*, 7 de *Bouchot*, *Emy*, *Vernier*, etc.

96. **Paris, ou le Livre des Cent-et-un.** *Paris, Ladvocat*, 1831-1833, 11 vol. (sur 15) in-8, demi-rel. veau vert, tr. marb.

Tome 1 à 12, moins le tome 7.

Texte par J. Janin, Ch. Nodier, Béranger, de Chateaubriand, H. Monnier, Ste-Beuve, A. Dumas, Mme Desbordes-Valmore, Lamartine, E. Sue, V. Hugo, E. Deschamps, F. Soulié, A. Karr, etc. — Vignette d'*H. Monnier* sur les titres.

97. **Petits Albums pour Rire.** *Paris, Journal pour rire, s. d.* 84 numéros (*Collection complète*). — On y a joint

un certain nombre de numéros doubles, réunis en 15 albums et en numéros. — Ens. 124 numéros et albums, petit in-4, brochés, *couv. ill.*

98. **Presse** (Ouvrages sur la) et les Journalistes. Réunion de 30 vol. et brochures in 8 et in 12, brochés.

Les Grands Journaux de France, par J. Brisson et F. Ribeyre, 1863. — Histoire des Journaux et des Journalistes de la Révolution Française (1789-1796); par L. Gallois. 1845-1846. 2 vol. — Collection de matériaux pour l'Histoire de la Révolution de France, depuis 1787 jusqu'à ce jour. Bibliographie des Journaux. Par M. D.....s (Deschiens) 1829. — Nouvelles idées concernant les Journaux, Mars 1832. Un chapitre à la Révolution Française ou Histoire des Journaux en France de 1789 à 1799, par de Monseignat, 1853. — F. Maillard. Histoire anecdotique et critique de la Presse Parisienne, 2e et 3e années (1857 et 1858). 1859. — L'Ancien Figaro, par E. Gaboriau. 1861. — A travers champs. Souvenirs et Causeries d'un Journaliste, par Th. Muret. 1862, 2 vol. — Vaudin. Gazettes et gazetiers 1860-1863, 2 vol. — Un Journal royaliste en 1789. Les Actes des Apôtres (1789-1791), par M. Pellet. 1873. — E. Mermet. La Presse, l'Affichage et le Colportage. *S. d.* — P. Audebrand. Un Café de Journalistes sous Napoléon III. 1888, etc., etc., etc.

99. **Programmes Militaires, 1855-1869**. Collection de 212 pièces.

100. **Les Quatre Saisons du Parnasse**, ou Choix de poésies légères, par M. Fayolle. — Table générale. — Paris, an XIII (1805)-1809. 16 vol. in-16, front., cart. — **Recueil** et Nouveau Recueil de Chansons choisies, des Ariettes, etc. *Volumes dépareillés.* 1698-1778, 6 vol. in-12, rel. anc. — Ens. 22 vol.

101. **Rébus**. — Réunion de 7 albums.

Album de 12 Rébus, par Boussenot *Paris, Dupuis, s. d.*; *Suite complète d'un ff., explication et de 12 planches lithog.* in-4, en feuilles, sous *couv. imp.* — Etrennes pittoresques. 40 rébus lithographiés d'après les dessins de Madou.

Paris. Dupuis : Aubert, s. d.; Suite complète de titre, 40 planches et table, lithographiés. In-4, cart. — *La même suite.* Ex. en feuilles, *comprenant titre et 39 planches* (sur 40). Manque la pl. 14. — Les Rébus Comiques. Folie générale (par Cham). *Paris, Aubert, s. d. Suite complète de 1 titre, 64 planches et table, lithographiés.* In-4, demi rel. — Les Cent et un Rébus, Charivariques (par Maurisset). *Paris, le Charivari,* 1847 ; in-4 obl., broché, *couv. imp.* — *le même. Paris,* 1848 ; in-4 obl., cart. — Collection de Rébus illustrés. *Paris,* 1848 ; petit in-4 obl., broché, *couv. imp.*

102. **La Récréation**. Journal des Ecoliers. Du n° 1, tome Ier janv. 1833 au n° XXIV, tome II déc. 1834. In-8, fig., en livraisons (*manque les n°s 13, 17 et 19 ;* la plupart des livraisons sont en double. — **Chérubin** Illustrations des Enfants. Journal d'images. De la 1re année 1865-1866 à la 6e année, 5 août 1870. 6 vol. in-8, *fig*, en livraisons. *(Manque les livraisons 33 et 48 de 1867 ; la liv. 19 de 1868, les liv. 1, 2, 4, 6, 12, 21 et 23 de 1869 ; et les liv. 1 à 6 et 9 de 1870).*

103. **Répertoire** général et méthodique de la Librairie **Morgand et Fatout**. *Paris*, 1882, 1 vol. — **Répertoire** méthodique de la Librairie Damascène Morgand. *Paris* 1893, 2 vol. — **Bulletin** de la Librairie Morgand et Fatout. Du n° 1 au n° 44. 1876-1898, et Index alphabétique des 1er, 2e et 3e vol. 1 vol. et en fascicules. — Ens. 4 vol., demi rel. chag. et en fascicules.

On y a joint le bulletin n° 51 (nov. 1900) et les bulletins n°s 6 à 12 (Nouvelle Série), avril 1908-mai 1911.

104. **La Revue Blanche**. 1re année, n° 2 et 4 (15 déc. 1889 et 15 janvier 1890, 2 n^os^. — Série 2. n°s 1 et 2 (fév. et mars 1890), 2 n^os^. — Série 3, n°s 1, 2, 4 à 8, 10 et 11 (avril 1890 à fév. 1891), 9 n^os^. — Tome II, n°s 2 et 3, mai-juin 1891. 1 n°. — Nouvelle Série, du n° 1, oct. 1891 au n° 136, 1er fév. 1899. (manquent les n°s 80, 1er oct. 1896), 92, 1er avril 1897 et le n° 134. 1er janv. 1899. — Ex. en livraisons.

105. **La Revue Blanche.** Nouvelle série. 1891 à 1894. 7 vol. in-8, demi rel. (Ex. *sur papier de Hollande*).

106. **Revue des Sciences Naturelles** appliquées. Bulletin bimensuel de la Société Nationale d'acclimation de France fondée le 10 février 1854. De la 36e année, 1889, à la 42e année 1895. *Paris*, 1889-1895, 11 vol. in-8, *fig.*, cart. bradel, dos et coins percal. bl.

107. **Revue historique de la Noblesse.** publiée par M. A Borel d'Hauterive. *Paris*, 1841-1846, 4 vol. in-8, *planches*, cart. bradel, dos percal. bl., *non rognés, couv. conservées*.

108. **La Revue indépendante.** Tome I et II (de mai 1884 à mai 1885). 2 vol., brochés. — La Revue indépendante. Nouvelle Série. Du n° 1 nov. 1886 au n° 26 (tome IX), décembre 1888. 9 vol. — Ens. 11 vol. in-12, *planches*, cart. bradel, non rognés, *couv. conservées*.

Exemplaire de luxe tiré sur papiers spéciaux, illustré d'eaux-fortes, lithographies et dessins inédits.

109. **Le Tour du Monde.** Nouveau Journal des Voyages, publié sous la direction de M. Ed. Charton et illustré par nos plus célèbres artistes. *Paris, Hachette*, 1860-1865, 10 vol. in-4, *fig.*, demi-rel. chag. rouge, plats toile, tr. dor.

110. **Vert-Vert,** Journal sans abonnés. De l'orig., n° 1, 1er Sept. 1832, à la 5e année n° 233, 31 août 1837. 10 vol. in-4, demi-rel. vélin vert.

Manque les nos 44, 98, 103, 107, 108, 112, 138 et 140 du tome I, le n° 216 du tome II et les nos du 21 avril et 16 juillet du tome II.

111. **Le Voleur**, Gazette des Journaux, revue des Siences, de la Littérature et des Théâtres. De la 2e année, n° 5, (25 janv. 1829) au n° 72 (31 déc. 1829) ; 2e série, 5e année, 1832, 72 nos ; et de la 9e année, n° 37, 5 juillet 1836 à la 20e année 1847 (manque les 1ers semestres de 1842 et 1847). Ens. 23 vol. — Le Cabinet de Lecture. De la 2e année, n° 96 (4 fév. 1831) à la 15e année, 1884. (manque le 2e semestre 1842 et le 1er semestre 1843). Ens. 15 vol. — Ens. 38 vol. in-4, *planches*, brochés et demi-rel .(1 vol. in-fol.).

112. **L'Ymagier**. Directeur : Rémy de Gourmont. Du n° 1, oct. 1894 au n° 8, déc. 1896. 8 nos in-4.— **Le Livre d'Art**. Directeur : Maurice Dumont. 4 nos. Mars-Juillet 1896.

Théâtre - Musique - Chansons

113. **L'Album.** Beaux Arts, Théâtre, Littérature. Du nº 1, 13-20 mars 1875, au nº 53, 2ᵉ année, 19-26 mars 1876. 1 vol. in-4, *photographies*, demi rel. chag. bl., plats toile. — **Album des Théâtres.** Du nº 1, nov. 1867, au nº 21, avril 1868. *(manque le nº 18). La plupart des nºˢ sont en double et en triple exemplaire.* En feuilles. — **Le Théâtre Illustré** (ex-album des Théâtres). 1869. 31 numéros. *(Incomplet).* — **La Nouvelle Revue Parisienne.** 2ᵉ année, nºˢ 26-27, 31 juill.-7 août 1897 à la 3ᵉ année nº 68, 30 juillet 1898. *(manque les nºˢ 39 et 50; la plupart des nºˢ sont en plusieurs ex. avec photographies différentes).* — **La Musique Populaire.** 2ᵉ année 1882. 9ᵉ année, 1890. 5 vol. in-4, cart. bradel, dos percal.

114. **Chansons.** — Réunion de 7 albums in-8 et gr. in-8, *fig.*, brochés, *couv. ill.* (1 cart.).

Mac Nab. Chansons (et nouvelles) du Chat Noir. Musique nouvelle de C. Baron (et R. Kohr). Illustrations de H. Gerbault. *Paris, au Menestrel, s. d.*; 2 vol. — **Ferny** (J.). Chansons Immobiles. Illustrées par Depaquit. *Paris*, 1896. — **Meusy** (V.). Chansons d'hier et d'aujourd'hui. Illustrations de Rapp, Joanon-Mairer, etc. *Paris*, 1889. — **Delmet** (P.). Nouvelles Chansons. Poésies de H. Bernard, M. Boukay, G. d'Erparbés, V. Meusy, M. Vaucaire, etc. Lithographies de Ad. Willette. *Paris, H. Tellier, s. d.* — **Legay** (M.). Rondes du Valet de Carreau. Texte de G. Auriol. Illustrations de Steinlen. *Paris*, 1887. — **Chansons d'Aïeules**, dites par Mᵐᵉ Amel. Lithog. de MM. Fantin-Latour, E. Grasset, Léandre, Lunois, Steinlen, J. Veber, Ad. Willette. *Paris, H. Tellier, s. d.*

115. **Le Courrier Musical.** De la 3ᵉ année, 1900 à la 14ᵉ année 1911. 12 années in-4 et gr. in-8, en livraisons.

L'année 1900 est incomplète ; manque le nº 21 de la 9ᵉ anné 1906, le nº 1 de la 10ᵉ année 1907 et les nºˢ 22 à 24, de la 14ᵉ année, 1911.

116. **Figaro-Programme**. De la 3e année (nouv. série). nº 1. 10 fév. 1858 au nº 307, 15 déc. 1858. *(Manque les nos 80 à 110)*. 3 vol. in-4, cart. dos toile. — **Courrier des Spectacles**. Journal des Théâtres de la Littérature, des Arts et des Modes. 5e année nº 893, 23 avril 1821 au nº 1271, 24 mai 1822. *(Incomplet)*. 1 vol. in-4. **Le Frondeur**. 2e année, nº 182, 1er juillet 1826 au nº 199, 18 juillet 1826 ; La Pandore, du nº 1157, 29 juillet 1826 au nº 1257, 27 oct. 1826. 1 vol. in-4 *(manque quelques nos)*. — **Revue des Théâtres** de la France et de l'Etranger. Du nº 1, 29 sept. 1833 à la 2e année, nº 12, 16 fév. 1834. 1 vol., pl., dérelié. *(manque le nº 2 de la 2e année)*. — Ens. 6 vol.

117. **La France Musicale**. De l'orig., 31 déc. 1837 à la 33e année 1869. 26 vol. in-4, demi rel. (5 en nos).

Manque les années 1839, 1840, 1841, 1848, 1849 et 1850 (moins 15 nos de 1840, 10 nos de 1841 et de 14 nos de 1848) ; — Manque les nos 1 à 6 de 1842 et le nº 45 de 1846. — On y a joint **La Musique**. Gazette de la France Musicale. 1850. 1 vol.

118. **Gauthier-Villars** (H.). Lettres de l'Ouvreuse. 1890. — Bains de Sons. 1893. — Soirées perdues. 1894. — La Mouche des Croches. 1894. — Entre deux Airs. — Accords perdus. 1898. — La Colle aux Quintes, 1899. — La Ronde des Blanches, 1901. — 8 vol. in-12, cart bradel percal. bl., *non rognés, couv. conservées.*

119. **Le Journal de Musique**. De la 1re année, 1876-1877 à la 6e année, 1881-1882. 6 vol. in-4, demi rel. mar. grenat.

120. **Le Menestrel**, Journal de Musique. De la 56e année 1890, à la 77e année 1911. 22 vol. in-4, dont 8 cart., les autres en nos.

Manque le nº 40, 42 à fin de l'année 1911.

On y a joint : De l'orig., 1er déc. 1833 à la 5e année 1838 (manque l'année 1835; les 3e et 4e années sont incomplètes). Quelques nos des années 1839 à 1889 ajoutés.

121. **Le Monde Musical.** Organe de la Facture Instrumentale et de l'Edition Musicale. De la 1re année, 1890 à la 24e année, 1912 ; in-4, en numéros.

La 1re à 8e année manquent presque complètement. — Il manque en plus, le no 20 de la 15e année 1903, les nos 3 et 5 de la 17e année 1905, le no 24 de la 19e année 1907, le no 6 de la 22e année 1910, les nos 22 et 24 de la 23e année 1911 et les nos 1 et 6 à 24 de la 24e année 1912.

122. **L'Opéra.** Album-Programme. De la 1re année, 1904 à la 4e année 1907. In-8, en numéros *(Incomplet)*.

123. **L'Opinion du Parterre**, ou Censure des Acteurs, Auteurs et Spectateurs du Théâtre-Français, par M. Cl. Courtois. *Paris*, an XI - 1813, 10 tomes en 8 vol. in-18, demi-rel. bas anc.

124. **Paris-Piano.** 1892-1895. 4 vol. ; Le Cri-Cri. Organe littéraire, musical, ... du Paris-Piano. 1892-1895. 2 vol. — **Le Petit Piano.** 1894-1896. 4 vol. ; Le Petit Piano. Supplément, 1 vol. — **Paris-Soleil.** 1894-1895. 2 vol. — Ens. 13 vol. in-4, cart. toile.

125. **Paris-Théâtre.** De la 1e année no 1, 22-29 mai 1873, à la 6e année, no 312, 8-14 mai 1879. — **Paris-Portrait.** Ancien Paris-Théâtre. De la 7e année, no 313, 15-21 mai 1879 au no 364, 6-12 mai 1880. — **Paris-Programme.** Du no 1, fév. 1875 au no 48, 30 déc. 1875-5 Janv. 1876 *(manque quelques nos)*. — In-4, brochés et en feuilles, *avec photographies*.

126. **Revue du Théâtre,** journal des Auteurs, des Artistes et des Gens du Monde. De la 1re année, 1834 à la 4e année 1837-1838. 14 vol. in-8, *planches*, brochés, *(manque les nos 20 et 29)*.

127. **Revue et Gazette Musicale** de Paris, journal des Artistes, des Amateurs et des Théâtres. De la 6e année,

n° 36, 4 août 1839 à la 46e année 1879. 9 vol. in-4, reliés, et en numéros.

Exemplaire en formation. Les années 1839 à 1853 sont incomplètes (l'année 1839 ne possède que 2 nos ; les années 1841-1847 manquent complètement ; et les années 1840, 1848 à 1853 sont incomplètes de quelques nos). — Les années 1854 à 1861, 1876 et 1879, sont complètes et reliées, sauf l'année 1861. — Les années 1862 à 1875, 1877 et 1878, manquent complètement.

128. **Revue Wagnérienne.** Du 8 fév. 1885 au 15 janvier 1887. 2 vol. gr. in-8, *planches*, brochés. *(Exemplaire sur* **papier du Japon**).

129. **La Romance.** Journal de musique 1834-1835. 78 numéros in-4, *lithog. hors texte de Gavarni, C. Nanteuil, Gigoux, Devéria, etc.*, en feuilles, dans 3 cart.

Manque la musique dans le n° 49 de la 1re année. Dans la 2e année, il manque le texte des nos 1, 21, 22, 24, 26 ; et la musique des nos 15, 18, 19, 24 et 25.

130. **Théâtre, Cafés-Concerts, Danse**, etc. — 17 vol. in-18 et in-32, brochés et reliés.

Musée des Théâtres. *Paris, Le Fuel*, 1820 ; *fig. coloriées.* — Le Chansonnier des Variétés, 1819 et 1822 ; 2 vol. *front.* Le Chansonnier des Théâtres. 1re année. *Paris*, 1825, *front.* — Bouis-bouis, bastringues et caboulots de Paris, 1861. — Les Cafés-Concerts en 1866. 1re partie, *fig.* — Mystères galants des Théâtres de Paris, 1844. — Les Mystères des Théâtres de Paris, par un vieux comparse, 1844, *fig.* — Les Petits Mystères de l'Ecole lyrique, 1862, *port.* — Physiologie des foyers et des coulisses de tous les Théâtres de Paris, par J. Arago, *s. d.* — Le Portefeuille du Comédien, etc. Février-Mars 1842, 2 vol. — Sur la scène et dans la salle, par A de Jallais, 1854. — Thérésa et ses chansons, *s. d.* — Guide complet de la Danse, par Gawlikowski, 1859, *fig.* — La Polka enseignée sans maître, par MM. Perrot et A. Robert. *s. d.*, *fig.* — La Danse ou la Guerre des Dieux de l'Opéra, par J. Berchoux, 2e édit. *Paris*, 1808, *fig.*

131. **La Tribune de St-Gervais.** Bulletin Mensuel de la Schola Cautorum. De l'orig. n° 1, janvier 1895 à la 9e année, déc. 1903.

Manque le n° 2 de 1895, le n° 3 de 1896 et le n° 4 de 1903.

132. **La Tribune Dramatique.** Revue théâtrale, artistique et littéraire. 1re année. Tome 1er 1841. 1 vol. in-8. *planches*, demi-rel. veau *(On y a joint quelques nos de la 2e, 6e et 7e années)*. — **Le Théâtre d'Autrefois.** Chef d'œuvre de la Littérature dramatique. *Paris*, 1842-1844, 3 vol. in-8, *port.*, brochés, *couv. ill.* (**2 exemplaires**, *dont 1 en livraisons*). — **La France Dramatique.** 3 vol. in-8, demi rel. veau, *non rognés*.

Journaux de Modes

133. **L'Art et la Mode.** 1er et 2e vol. (août 1880-juillet 1881), 2 vol. ; 4e et 5e années, 1883 et 1884 ; 8 vol. Ens. 10 vol. — **Courrier Mondain.** 1885. 1 vol. — **La Dernière Toilette.** 4 vol. — **Le Goût Parisien.** Edition de luxe, 1889-1890. 5 nos. — **La Broderie** illustrée. 1898-1900. 2 vol. — **La Femme chez Elle.** 1899-1901. 2 vol. — Ens. 20 vol. in-fol., in-4, et gr. in-8, *fig.*, brochés et cart.

134. **Le Bon Ton.** Journal des Modes, 2e année, 10 nov. 1835 à la Xe année, 8 avril 1884. 5 vol. in-8, *planches de Modes coloriées*, demi rel. *(Exemplaire incomplet).*

On y a joint un lot de planches de Modes, coloriées, de ce journal.

135. **Cendrillon.** Journal encyclopédique de tous les travaux de Dames. De l'orig., nov. 1850, à la 6e année, fév. 1856 *(manque janv. 1851, août 1853 ; les années 1854 à 1856 sont incomplètes).* — **La Mode-Miniature.** 1872-1874. 2 vol. *(manque la 1re pl.).* Ens. 9 vol. petit in 4, *planches de Modes coloriées*, en livraisons et reliés.

136. **La Chronique.** Revue du Monde Fashionable. De l'orig. oct. 1841 à sept. 1842. 10 nos in-12, *fig.* brochés, couv. ill. (manque les nos de janv. et avril 1842). — **La Chronique.** Revue universelle 1842-1845, 7 vol. in-8, en livraisons et dérelié *(le tome III est incomplet).* — **Keepsake,** publié par la Chronique. 1842-1843. 2 vol. in-18, *fig*, brochés, couv. ill. — Ens. 19 vol.

137. **Gazette des Salons**. Journal des Modes et de Musique. Tome Ier 1835. 2 vol — **Psyché**. Journal de Modes. IIIe et IVe année, 1836-1837. 2 vol. — **Revue des Modes de Paris**. Tome Ier, 1833-1834. 2 vol. — Ens. 6 vol. in-8, *planches de Modes*, demi-rel. *(Quelques planches manquent).*

138. **L'Illustrateur des Dames** et des Demoiselles. De l'orig. Ire année, 6 janv. 1861 à la 9e année, 26 sept. 1869. 11 vol. in-fol., demi-rel. *(manque la 8e année).*

139. **Journal des Dames et des Modes.** *Texte seul.* Edition allemande. De 1807 à 1826 (1er semestre). 33 vol. in-8, cart. anc. *(manque les années 1810, 1817 et 1822).*

140. **Journal des Demoiselles**. De la 2e année 1834 à la 57e année, 1889. *Paris*, 52 vol. in 8 et gr. in-8, planches de Modes, demi-rel.

Manque les tomes 45 (1877), 46 (1873), 48 (1880), 50 (1882). — Les tomes 43, 44, 51 à 57 n'ont pas les planches, mais le texte seul. — Manque les titres des tomes X, XVIII, 20, 21, et 38.

141. **Journal des Demoiselles** augmenté du Journal des Jeunes Personnes, du Magasin des Demoiselles, de la Brodeuse, et du Moniteur de la Mode. De la 8e année, 1840 à l'année 1867-1868. *Bruxelles*, 29 vol. gr. in-8 et in-4, *planches de Modes*, cart.

A partir de l'année 1852, le journal prend le titre de Journal des Dames et des Demoiselles.

142. **Journal des Femmes.** Gymnase littéraire. De l'orig. tome Ier, 1832 au tome XII, 1835. 10 vol. *(manque le tome IV, partie du tome VI et 1 ff. au tome X, et quelques planches).* — **Journal des Femmes,** tome Ier, sept. 1840 à la 6e année, 1846. 6 vol. *(manque 3 livraisons à 1841).* — Ens. 16 vol. in-8, *planches*, brochés reliés.

143. **Journal des Jeunes Personnes**. Du tome 1er, 1833 à la 28e année. 1859 1860. *(Manque les années 1811, 1819, 1853-1854)*. 33 vol. in-8, *planches* de Modes, cart. et demi rel.

144. **Longchamps** et Paris Elégant réunis. De la 4e année, no 1, 1841, à la XIIe année, 1847. 7 vol. gr. in-8 et in 4, *planches de Modes coloriées*, demi rel.

145. **Le Lys**, Chronique de la Cour. Modes, Théâtres, Littérature, Beaux-Arts. *Paris*, 1830, 2 vol. en livraisons in-8, *planches de Modes*, brochés, *couv. ill. (Collection complète très rare, en cet état surtout)*.

146. **Magasin des Demoiselles**. Du tome IV, Oct. 1847-1848, au tome 22, 1865-1866. En 9 vol. gr. in-8, *pl. de Modes*, demi rel. *(Manque le tome VI, 1849-1850)*

147. **Magasin des Demoiselles**. Tome 7. 1850-1851. 1 vol. — **Le Magasin des Familles**. Sept 1850-Août 1851, 1 vol. – **Musée des Dames** et des Demoiselles. 1ère année 1853, 1 vol. — **Le Papillon**. 1ère année, 1861, 1 vol. — **Echo du Petit Courrier des Dames**, 1864. 1 vol. — **L'Observateur des Modes** et le Narcisse réunis. Années 1865 et 1870. 2 vol. — Ens. 7 vol. in-8 et in 4, *planches de Modes coloriées*, broché et reliés.

148. **La Mode**. Revue des Modes, Galerie des Mœurs, Album des Salons. *Paris*, 1829 1853, 43 vol. in-8, demi rel. et en numéros.

Manque les titres de l'année 1831. — Manque quelques numéros aux années 1838, 1843, 1845 et 1847. — Manque plusieurs planches aux années 1835 à 1840, 1846, 1847 et 1849. — Les années 1832 à 1834, 1841 à 1845 sont incomplètes des planches.

149. **La Mode illustrée**. Journal de la Famille. De la 9e année, 1868 à la 31e année, 1890. 23 vol., in-4, *fig.*, cart. dos toile.

150. **Le Moniteur de la Mode**. Journal du grand Monde. De l'orig. 1843 à 1861. *Volumes dépareillés.* 10 vol. — **Les Modes Parisiennes**. Journal. 1844 à 1056. *Volumes dépareillés.* 5 vol. et parties dereliées. — **Journal des Jeunes Filles**. 1ère année 1846. 1 vol. — **Journal des Dames**. 2e année, 1847. 1 vol. — **Le Conseiller des Dames**. De la 2e année 1848 à la 10e année 1857. 1 vol. relié et en livraisons *(manque le n° 10 de 1853)*. — Ens. 18 vol. in-8, *fig.*, reliés et livraisons.

151. **Musée des Familles**. Complément. Modes vraies. Travail en famille. Du tome 1er, 1850-1851 au tome 30, 1880. 28 vol. gr. in-8, *planches de Modes*, cart. anc.
Manque le tome 21 (1871).

152. **Petit Courrier des Dames**. Journal des Modes. De la Xe année, tome XXII, 1832 au tome 58, 1850. 25 vol. gr. in-8 et in-4, *planches de Modes coloriées*, demi-rel. et en feuilles. *(Quelques lacunes).*

153. **La Sylphide** (et Revue Parisienne). De l'orig. 1840-1853. **Volumes dépareillés**, dont plusieurs années doubles, et un certain nombre lacunes de texte et de planches. Ens. 16 vol. in-4, *planches*, cart. et demi-rel.

Journaux de la Révolution

Livres, Estampes et Curiosités sur la GUERRE DE 1870-1871, la COMMUNE; sur le GÉNÉRAL BOULANGER, sur l'ALLIANCE FRANCO-RUSSE, etc.

154. **L'Accusateur Public** (par Richer-Serizy). An II.-frimaire an VII. 35 numéros en 2 vol. in-8, *planches*, veau anc.

Un des organes les plus remarquables et les plus influents de la réaction contre-révolutionnaire. Collection complète dont le n° 13 n'a jamais paru. On a relié à la fin: Richer-Serisy au Directoire. *Rouen*, an VI.

155. — *le même*. Ex. en numéros. (*Manque le n° 35 et dernier*).

156. **Les Actes des Apôtres** (par Peltier), 1789 1791. 311 numéros en 10 vol. in-8, *planches*, demi rel. chag. rouge, têtes dor., *non rognés*.

Bel ex., avec les 6 livraisons portant le titre de *Petits Paquets*, l'avis et prospectus.

157. **Annales patriotiques** et littéraires de la France, et affaires politiques de l'Europe, journal libre, par une Société d'Ecrivains patriotiques, et dirigé par M. Mercier. Du n° 1, 3 oct. 1789-oct. 1793. 9 vol. in-4, demi-bas.

Une des feuilles les plus populaires du temps, et l'oracle des Sociétés Jacobites de la province. Le véritable directeur en chef était Carra, beaucoup moins connu d'abord que Mercier.

Cette publication comprend du n° 1 au n° 820 (31 déc. 1791) ; à partir du 1er janv. 1792, commence une nouvelle numération, du n° 1 au n° 366 (31 déc. 1792) ; à partir du 1er janv. 1793, nouvelle numération du n° 1 au n° 283. (Oct. 1793).

158 **La Chronique du Mois** ou les Cahiers patriotiques de E. Clavière, Condorcet, Mercier Auger, Bonneville, Brissot, Garran de Coulon, J. Dussaulx, Collot-d'Herbois, etc., *Paris*, novembre 1791-juin 1792. 8 numéros reliés en 3 vol. in-8, *port.*, cart., *non rognés.*

159. **La Feuille Villageoise**, adressée, chaque semaine, à tous les villages de France, pour les instruire des Loix, des Evénemens, etc. *Paris*. Du 30 Sept, 1790 au 26 sept. 1793. 6 vol. in-8, *front.*, cart. *(manque le n° 52 de 1792, et le n° 48 de 1793).*

160. **Jean Bart**. 1790-1792, 181 numéros en 2 vol. in-8, demi rel. chag. rouge, têtes dor., *non rognés.*

Collection complète. Le N° 1, N° porte comme titre : Et je m'en fouts ! ; les nos 2 à 4 : Je m'en fouts ! et du n° 5 à 181, Jean Bart ou Suite de je m'en f... — Orné d'un portrait de Jean Bart au 1er n° ; à partir du n° 121 jusqu'à la fin, les nos sont ornés d'une vignette représentant Jean Bart fumant avec le père Duchesne.

161. **Révolutions de Paris**, publiées par le sieur Prudhomme. Paris, 12 juillet 1789-28 février 1794. 17 vol. in-8, *planches*, veau anc.

Ex. dans sa *reliure originale, avec fers spéciaux aux dos, représentant la Bastille et le bonnet phrygien.*

162. **Les Sabats Jacobites** (par Marchant). Au Palais-Royal, 1791-1792, 3 vol. in-8, *fig.*, demi rel. anc.

Collection composée de 74 numéros (sur 75), ornée de 2 figures en tête des tomes I et II.

163 **La Trompette du Père Duchêne**, pour servir de suite aux quatre cents lettres bougrement patriotiques, (par Lemaire). Du n° 1 au n° 147. 1792-1793. 2 vol. in-8, demi rel. chag. rouge, têtes dor., *non rognés.*

164. **Versailles et Paris** ou Rapport des Séances de l'Assemblée Nationale et des Communes de Paris. 1789-an II. 15 vol. in-8, demi rel. bas.

A partir du n° 77 (20 oct. 1789), en raison de la translation de l'Assemblée Nationale à Paris, cette publication prend le titre *d'Assemblée Nationale*, qui lui même se modifie selon les événements. Cette 1re série forme au total 787 numéros. A l'ouverture de la 2e législature commence une nouvelle série, sous le titre de *Assemblée Nationale..., 2e législature* et forme 356 nos. — Le 22 Sept. 1792, le titre devient *Suite du Journal de Perlet, Convention nationale, Corps administratifs*, etc. Cette série incomplète comprend du n° 1 à 101 et des nos 192 à 282.

165. **Journaux et Placards sur la Révolution de 1848** et la Présidence de Louis-Bonaparte. — Un fort dossier.

166. **Les Murailles Révolutionnaires.** *Paris, Bry*, 1852, 2 vol. — **1848**, avril, mai, juin, Présidence. Seconde partie des Murailles Révolutionnaires de 1848. *Paris, Picard*, 1 vol. — **Les Murailles Politiques Françaises**. 1870-1871. *Paris, Le Chevalier*, 1875. 3 vol. — Ens. 6 vol. in-4, demi-rel. bradel dos et coins mar. grenat, *non rognés, couv. conservées.*

---

167. **Guerre Franco-Allemande de 1870-1871** ; le **Siége de Paris**; **la Commune.** — Importante réunion de **665 volumes** (dont 97 en allemand) in-folio, in-4, in-8 et in-12, la plupart en demi-rel. veau fauve, ébarbés, cart. de l'éditeur et brochés, et de plus de **225 brochures** in-8 et in-12.

Gœtze (A.). Opération du corps du Génie allemand. 2 vol. in-8 (15 cartes et fig.). — **Favre** (J.). Gouvernement de la Défense Nationale du 30 juin au 31 oct. 1870. *Paris, Plon*, 1871-72, 3 vol. in-8, rel. — **Valfrey** (J.). Hist. du traité de Francfort et de la libération du Territoire francais. *Paris, Amyot*, 1874-75, 2 vol. in-8, rel. — **Valfrey** (J.). Histoire de la Diplomatie du Gouvernement et de la Défense Nationale. *Paris, Amyot*, 1871-72, 3 vol. in-8, rel. — **Recueil des Traités**, Conventions, Lois, Décrets et autres actes relatifs à la paix avec l'Allemagne. *Paris, Imprimerie Nat[le]*, 1872-79. 5 vol. gr. in-8, rel. — **Jacqmin.** Les Chemins de Fer pendant la guerre de 1870-71. *Paris, Hachette*, 1872, 1 vol. in-8, rel. — **Moniteur Universel**, du 22 sept. 1870 au 12 mars 1871. *Tours, Bordeaux, s. d.*, 1 vol. in fol. rel. — **Enquête Parlementaire** sur les actes du gouvernement de la Défense Nationale. 29 vol. in-4 rel. et bro. — **Rousset** (Comm[t]). Hist. générale de la guerre Franco-Allemande, 1870-1871. *Paris, Montgrédien, s. d*, 6 vol. bro., cartes. — **Rustow**. Guerre des frontières du Rhin, 1870-71. *Paris, Dumaine*, 1871, 2 vol. in-8, rel — **Davall** (E.). Les Troupes françaises internées en Suisse à la fin de la guerre Franco-Allemande en 1871. *Berne*, 1873, 1 vol. in-4 rel., cartes et plans. — **Kœnig** (Fr.). Der Volkskrieg an der Loire im Herbst 1870. *Berlin*, 1894-97. 6 vol. in-8, cart. éd., cartes. — **Sybel** (H. v.). Die Begrundung des Deutschen Reiches durch Wilhelm I. *Munchen u. Leipzig*, 1892-95, 7 vol. in-8, cart. éd. — **Fehleisen** (Egm.). Der Deutsch-Französische Krieg 1870-1871. *Reuthingen, s. d.*, 2 vol. in-4, cart. éd , ill. — **Moltkes.** Militarische korrespondenz aus den Dienstschriften des Kriegs, 1870-71. *Berlin*, 1896, 3 vol. in-8, cart. éd. — **Kladderadatsch**, humoristich-satyrisches Wochenblatt. 3 Juillet 1870-31 déc. 1871. 1 vol. in-4, rel., etc..., etc...

168. **Guerre Franco-Allemande** (La), rédigée par la section historique du Grand Etat-Major Prussien. Traduction du capitaine E. Costa de Serda. *Berlin et Paris*, 1874-1882, 5 forts vol. in-8, *cartes et 1 atlas grand in-fol.*, demi-rel. veau fauve, ébarbés. — **Der Deutsch-Franzosische Krieg 1870-71.** Redigirt von der kriegsgeschichtlichen Abtheilung des grossen Generalstabes. *Berlin*, 1874-81, 8 vol. gr. in-8, demi-rel. éditeur *(dont 3 vol. de cartes)*. — Ens. 13 vol. et 1 *atlas. (Beaux exempl.)*

Ouvrages rares et recherchés

169. **Sorel** (Albert). Histoire diplomatique de la guerre Franco-Allemande. *Paris*, *Plon*, 1875, 2 vol. in-8, demi-rel. veau fauve, *ébarbés*. (*Bel exempl.*).

Ouvrage d'une très grande rareté.

---

170. **Guerre Franco-Allemande de 1870-1871, Siège de Paris, Commune, Chute de l'Empire**. — **Collection de plus de 15.000 PIÈCES,** estampes, dessins, photographies, recueils, journaux illustrés, placards, autographes, scènes, caricatures, costumes militaires, imageries, chansons, portraits, etc.

Très importante Collection et certainement une des plus complètes connues.

---

171. **Peintures, statuettes, assiettes, bibelots divers,** sur Napoléon III, la Guerre de 1870-1871 et la République de 1848 et 1870. — Environ 60 pièces.

172. **Médailles** de Napoléon III, de la Guerre de 1870-1871, et de la IIIe République. — 140 pièces.

---

173. **Alliance Franco-Russe**. — Importante Collection de souvenirs sur l'alliance Franco-Russe : Broches, épingles de cravates, chaînes de montres, bagues, boutons, pipes, blagues à tabac, porte-allumettes, porte-montres, tabatières, ronds de serviettes, cendriers, cachets, jouets divers, soldats, panoplies, jeux de tir, pendule-réveille, montres, mouchoirs, corsets, décrets, chaussons, ceintures de gymnastique, cravates, rideaux, portes-photographies, carnets de poche, coupes-papier, objets de cotillon, médailles, cartes postales, menus et programmes, calendriers, abats-jour, chansons, portes-monnaies, presses-papier, verres, tasses, assiettes, tableaux mécaniques, etc. — Environ **2.500 pièces**.

---

174. **Général Boulanger**. — Portraits peints à l'huile, dessins, photographies, bibelots et souvenirs divers, statuettes, médaillons, cannes, éventails, assiettes, pipes, épingles de cravates, etc. — Collection de environ 90 pièces.

On y a joint un certain nombre de dossiers de chansons, affiches électorales, brochures, placards, photographies, portraits, dessins, journaux divers, livres et objets provenant de la vente du g[al] Boulanger à Bruxelles.

---

175. **Carnot** (Sadi). Journaux, placards, chansons, portraits, etc., sur l'assassinat du président Sadi Carnot et sur ses funérailles. — Un dossier.

176. **Evènements politiques**, évènements de la Rue, sous la **Troisième République** (Mort de Gambetta, 1882, Affaire Clovis Hugues, 1884, le Choléra, 1884, Expulsion des Princes, 1886, Centenaire de Chevreul, 1886, Incendie de l'Opéra Comique, 1887, Affaire Gaffarel, 1887-1888, les Fêtes Nationales, les Crimes célèbres, etc. — Plusieurs dossiers.

177. Sous ce numéro, il sera vendu un certain nombre de volumes en lots.
